新烹饪系列规划精品教材

烹饪实习与操作

PENGREN SHIXI

YU CAOZUO

主　编　钱　锋　许　成
副主编　顾程林　崔春立　陈玉林
参　编　曹会祥　李建民　杨红生

中国商业出版社

图书在版编目(CIP)数据

烹饪实习与操作/钱锋,许成主编.—北京:
中国商业出版社,2020.3重印
ISBN 978-7-5044-5624-1

Ⅰ.烹⋯　Ⅱ.①钱⋯②许⋯　Ⅲ.烹饪-教材
Ⅳ.TS972.11

中国版本图书馆 CIP 数据核字(2006)第 044031 号

责任编辑:张超美

中国商业出版社出版发行
(北京广安门内报国寺1号　100053)
新华书店经销
北京京丰印刷厂印刷
＊　＊　＊　＊　＊
787 毫米×1092 毫米　16 开　印张 11.5　260 千字
2006 年 2 月第 1 版　2020 年 3 月第 3 次印刷
定价:36.80 元
＊　＊　＊　＊
(如有印装质量问题可更换)

编 写 说 明

"民以食为天",中华美食文化源远流长。近年来我国各地餐饮服务市场尤为繁荣,据《中国职业技术教育》杂志报道:目前我国有400多万家餐饮企业,2200万从业人员,收入连续多年以两位数增长,烹饪行业教育市场很大。针对目前烹饪餐饮人才需求特点,全国职业培训教学工作指导委员会商贸专业委员会邀请了全国烹饪餐饮专业较突出的职业院校,在江西省井冈山召开了教学研讨会,及时地编写了这套烹饪系列教材。

在本系列教材的编写过程中,喜逢国务院在北京召开全国职业教育工作会议,根据会议精神指示:大力发展中国特色的职业教育,以服务社会主义现代化建设为宗旨,培养数以亿计的高素质劳动者和数以千万计的高技能专业人才,努力实现我国职业教育发展新跨越。为此,我们又对该系列教材加以完善和充实。本着"够教、够学、够用"的原则,以专业基础课和专业实训课为主而编写的。

本系列教材主要具有以下几个特点:(1)严格按照"双纲"制的新模式编写,即教育部职业教育教学大纲及劳动和社会保障部专业职业资格技能考试大纲;(2)学科设置采用专业理论和实训并举,突出烹饪专业人才培训的特点,部分学科理论与实操课程比达到1:2;(3)整套教材是由多年一线教学教师精心编写,并采取"互动式"教学方法的新模式,突出教材活泼性和实用性的特点;(4)引进与创新并重,积极引进新内容和新方法,具有一定的创新和改进,突出教材前瞻性特点。

《烹饪实习与操作》作为烹饪专业学生实训课程,是着重培养学生把所学专业知识运用到实践操作中的重要课程。学生通过实训学习,才能真正提高实操技能,也才能真正成为高技能的烹饪人才。本书可作为中、高级烹饪技工学校、高职院校烹饪餐饮专业教材,也可供各类烹饪、餐饮企业职工培训选用。

本书由江苏省徐州技师学院钱锋、许成担任主编,西安商贸旅游学院顾程林、天津市烹饪技术学校崔春立、济南市商业技工学校陈玉林担任副主编,参编人员有济南市商业技工学校曹会祥老师、天津市烹饪技术学校李建民老师、西安商贸旅游学院杨红生老师。

本系列教材在编写过程中,得到编者所在院校的领导及同事的热情帮助和大力支持,以及全国职业培训工作委员会商贸专业委员会主任、教育部商业行业教育教学指导委员会副主任康书民同志的指导和帮助,在此一并致谢。

由于编写时间仓促,疏漏之处在所难免。我们企盼在今后的教学实践中,能有所改进和提高,恳请读者不吝赐教,以便进一步修订,使之日臻完善。

烹饪系列教材编委会
2020 年 3 月

目 录

以油为传热介质篇

第一章 实习课题——炒 .... (1)
  第一节 生炒 .... (1)
  第二节 熟炒 .... (3)
  第三节 清炒 .... (5)
  第四节 滑炒 .... (7)
  第五节 抓炒 .... (9)
  第六节 软炒 .... (11)
  第七节 爆炒 .... (13)
  第八节 煸炒 .... (15)

第二章 实习课题——煸 .... (17)

第三章 实习课题——爆 .... (19)
  第一节 油爆 .... (19)
  第二节 芫爆 .... (21)
  第三节 酱爆 .... (23)
  第四节 葱爆 .... (25)
  第五节 汤爆 .... (27)

第四章 实习课题——熘 .... (29)
  第一节 脆熘 .... (29)
  第二节 滑熘 .... (31)
  第三节 软熘 .... (33)
  第四节 糟熘 .... (35)

第五章 实习课题——炸 .... (38)
  第一节 清炸 .... (38)
  第二节 干炸 .... (40)
  第三节 软炸 .... (42)

第四节　酥炸 .... (44)
　　第五节　纸包炸 .... (46)
　　第六节　香炸 .... (48)
　　第七节　油浸 .... (50)
　　第八节　脆炸 .... (52)
　　第九节　油淋 .... (54)
　　第十节　松炸 .... (56)

第六章　实习课题——煎 .... (58)
　　第一节　干煎 .... (58)
　　第二节　软煎 .... (60)

第七章　实习课题——贴 .... (62)

第八章　实习课题——烹 .... (64)

第九章　实习课题——拔丝 .... (66)

以水为传热介质篇

第十章　实习课题——烧 .... (69)
　　第一节　白烧 .... (69)
　　第二节　红烧 .... (71)
　　第三节　干烧 .... (73)
　　第四节　葱烧 .... (75)
　　第五节　酱烧 .... (77)
　　第六节　煎烧 .... (79)

第十一章　实习课题——扒 .... (81)
　　第一节　红扒 .... (81)
　　第二节　白扒 .... (83)
　　第三节　扣扒 .... (85)

第十二章　实习课题——焖 .... (88)
　　第一节　红焖 .... (88)
　　第二节　黄焖 .... (90)
　　第三节　油焖 .... (92)
　　第四节　酒焖 .... (94)

第十三章	实习课题——煨	(97)
第一节	红煨	(97)
第二节	白煨	(99)

第十四章	实习课题——炖	(102)
第一节	清炖	(102)
第二节	白炖	(104)

第十五章　实习课题——煮 ……………………………………………… (107)

第十六章　实习课题——氽 ……………………………………………… (109)

第十七章　实习课题——烩 ……………………………………………… (111)

第十八章　实习课题——涮 ……………………………………………… (113)

第十九章　实习课题——蜜汁 …………………………………………… (116)

以汽为传热介质篇

第二十章	实习课题——蒸	(119)
第一节	清蒸	(119)
第二节	粉蒸	(121)
第三节	包蒸	(122)

以热空气或其他为传热介质篇

第二十一章	实习课题——烤	(125)
第一节	暗炉烤	(125)
第二节	明炉烤	(127)
第三节	烤箱烤	(129)
第四节	微波烤	(131)

第二十二章　实习课题——焗 …………………………………………… (134)

第二十三章　实习课题——熏 …………………………………………… (137)

第二十四章	实习课题——拌	(140)
第一节	生拌	(140)
第二节	熟拌	(142)

第二十五章　实习课题——炝 …………………………………………… (144)
第一节　普通炝 ……………………………………………………… (144)
第二节　特殊炝 ……………………………………………………… (146)

第二十六章　实习课题——腌渍 ………………………………………… (147)

第二十七章　实习课题——醉 …………………………………………… (149)
第一节　生醉 ………………………………………………………… (149)
第二节　熟醉 ………………………………………………………… (150)

第二十八章　实习课题——糟 …………………………………………… (151)

第二十九章　实习课题——泡 …………………………………………… (153)

第三十章　　实习课题——卤 …………………………………………… (155)

第三十一章　实习课题——酱 …………………………………………… (157)

第三十二章　实习课题——冻 …………………………………………… (159)

第三十三章　实习课题——酥 …………………………………………… (161)

第三十四章　实习课题——糖水 ………………………………………… (163)

第三十五章　实习课题——挂霜 ………………………………………… (165)

以油为传热介质篇

第一章　实习课题——炒

第一节　生炒

炒桂花鱼翅

一、炒桂花鱼翅，此菜是用鸡蛋和焖发好的鱼翅、熟蟹肉等原料同炒后，形如桂花，故称为炒桂花鱼翅。

二、烹调方法：生炒。

三、味型特点：咸鲜。

四、原料：

主料：鱼翅（发好）75g，熟蟹肉 50g，鸡蛋 4 个。

配料：叉烧肉 15g，冬笋 15g，大葱 10g。

调料：精盐 5g，绵白糖 3g，黄酒 5g，白胡椒粉 2g，味精 2g，色拉油 50g，香油 3g。

五、工艺流程：

原料→切丝→调味→生炒→装盘。

六、制作过程：

1. 加工过程

(1) 鸡蛋在碗内打散；叉烧肉、冬笋、葱切细丝。

(2) 将鱼翅、蟹肉和叉烧肉丝、冬笋丝、葱丝放入打散的鸡蛋液中，加入精盐、绵白糖、黄酒、白胡椒粉、味精调匀。

2. 烹调过程

炒锅烧热，下入色拉油烧热，再将调好的原料一起下入炒锅，不断翻炒，至成熟后，淋入香油翻拌均匀即成。

3. 盛装方法

将炒好的炒桂花鱼翅盛装在 10 寸的圆盘中，用黄瓜片、红樱桃点缀即成。

七、菜肴特点：

色泽艳丽，形如桂花，咸鲜香嫩。

八、操作关键：

1. 选料要新鲜，刀功要精细。

2. 油温要掌握在 150℃ 左右。

3. 原料下锅后要不断翻炒，以防粘锅。

九、相关菜肴分析：

根据此菜的烹调方法，可制作炒桂花山药泥、生炒海蚌等菜肴。

十、思考题：

1. 此菜对油温有何要求？
2. 用生炒方法还能做哪些菜肴？

生炒肚尖

一、生炒肚尖是安徽名菜，猪肚尖，又称肚头，此菜是以烹调方法和原料命名，成菜形状美观，刀工精细，咸香脆嫩。

二、烹调方法：生炒。

三、味型特点：咸香。

四、原料：

主料：猪肚头300g。

配料：香菜20g。

调料：精盐2g，味精3g，黄酒5g，葱、姜各5g。

辅佐料：色拉油1000g（实耗50g），鸡蛋清1个，湿淀粉20g，高汤50g。

五、工艺流程：

原料→切梳子片→上浆→滑油→生炒→装盘。

六、制作过程：

1. 加工过程

（1）将生猪肚尖上油筋剔洗干净，在肚尖内层先剞上花刀，再片成长4.5cm、宽2.5cm的梳子片；香菜切成3.5cm的段；葱切成片；姜切成末。

（2）将切好的肚尖片（梳子片）放入碗中，加入黄酒、精盐、鸡蛋清、湿淀粉拌匀上浆。

2. 烹调过程

（1）净锅置火上，烧热滑锅，添入多量的色拉油，烧至150℃时，下入肚尖片，划散，变挺时即捞出。

（2）净锅加入底油烧热，入葱片、姜末煸出香味，下入滑散的肚尖，烹入黄酒，加入精盐、味精、高汤烧开，用湿淀粉勾芡，撒入香菜段，淋上明油，翻炒均匀即成。

3. 盛装方法

将生炒肚尖盛装在10寸的鱼盘中，用鲜花和香菜点缀即成。

七、菜肴特点：

形状美观，香菜碧绿，脆嫩鲜香。

八、操作关键：

1. 选料要新鲜，加工要干净，刀工要精细。
2. 烹调时旺火速成，菜肴才能脆嫩鲜香。

九、相关菜肴分析：

根据此菜的烹调方法，可制作生炒鸡球，生炒鳝鱼丝等菜肴。

十、思考题：

1. 此菜的操作关键是什么？
2. 怎样清洗猪肚？

第二节 熟炒

回锅鱼

一、回锅鱼源于"回锅肉"的制法。但"回锅鱼片"的制法和"回锅肉"略有不同,它是先将鱼片上浆炸制定型后,才着手进行回锅炒,"回锅鱼片"要比"回锅肉"更加鲜嫩可口,而且别具风味。

二、烹调方法:熟炒。

三、味型特点:咸香味。

四、原料:

主料:净草鱼肉500g。

配料:蒜苗50g,青、红椒各50g。

调料:郫县豆瓣酱30g,豆豉20g,葱20g,姜5g,精盐4g,白胡椒粉1g,黄酒20g,味精2g,绵白糖5g。

辅佐料:鸡蛋清2个,湿淀粉40g,色拉油1000g(约耗100g)。

五、工艺流程:

鱼肉切片→挂糊→炸制→熟炒→装盘。

六、制作过程:

1. 加工过程

(1)将鱼宰杀洗净取鱼肉,然后将鱼肉片成5cm长、3cm宽的片;葱切段;姜切片;郫县豆瓣酱剁细;蒜苗切段;青、红椒切成小粒状。

(2)将鱼片用姜片、葱段、白胡椒粉、黄酒淹15分钟后挂上蛋清糊。

2. 烹调过程

(1)炒锅置火上,加入色拉油烧至150℃左右,下入挂好糊的鱼片,炸呈淡黄色捞出待用。

(2)锅中加入底油40g,下入郫县豆瓣酱、豆豉炒香,下入炸好的鱼片,烹入黄酒,下入青红椒粒、蒜苗段,加入绵白糖、精盐、味精翻匀后起锅。

3. 盛装方法

装在10寸的圆盘中,用红萝卜雕刻两只小虾并西兰花点缀即成。

七、菜肴特点:

色泽红亮,鱼片鲜嫩,咸鲜香辣,风味宜人。

八、操作关键:

1. 鱼片改刀要均匀,片稍厚。

2. 要掌握好油温,鱼片过油后要炸定型。

3. 炒制时要保持鱼片的形状完整。

九、相关菜肴分析:

根据此菜的烹调方法,可制作回锅冬瓜、回锅肉等菜肴。

十、思考题：

1. 此菜在炒制时有何特点？
2. 此菜在炸制鱼片时有何要求？

软兜长鱼

一、软兜长鱼是江苏传统名菜，以熟长鱼（即鳝鱼）炒制而成。余制长鱼旧法是将长鱼用布兜扎起来，放在配有葱、姜、精盐、醋的汤锅内余熟，故名软兜。

二、烹调方法：熟炒。

三、味型特点：咸鲜。

四、原料：

主料：活鳝鱼 250g。

配料：青、红椒各 25g。

调料：酱油 3g，黄酒 5g，味精 3g，湿淀粉 20g，黄醋 5g，白胡椒 2g，精盐 2g，葱、姜各 5g，蒜 10g。

辅佐料：湿淀粉 20g，色拉油 100g，高汤 50g。

五、工艺流程：

原料烫杀→去骨→煨入味→炒制→装盘。

六、制作过程：

1. 加工过程

先将活黄鳝洗净，放入锅中，加入凉水 2kg，下入葱段、生姜片、精盐、黄醋盖上锅盖上火加热至鳝鱼张口，捞出洗净黏液；用竹片刀去骨将鱼肉洗干净，放入高汤中烫过，捞出沥水，再用洁布吸去多余水分；葱、姜切末；蒜切片；青、红椒切成粗丝。

2. 烹调过程

炒锅置旺火上，加入底油，下入葱姜末、蒜片，煸出香味，下入青红椒丝、鳝丝，加入黄酒、酱油、黄醋、精盐、高汤、味精，用湿淀粉勾芡，淋入明油，起锅装盘，最后撒上白胡椒粉即成。

3. 盛装方法

将软兜长鱼炒好后装在 10 寸的鱼盘中，用黄瓜片、红樱桃点缀即成。

七、菜肴特点：

鲜嫩异常，蒜香浓郁。

八、操作关键：

1. 应选用鲜活的鳝鱼。
2. 烫杀鳝鱼时应加盖，待鳝鱼张口即成。
3. 初加工应干净卫生。

九、相关菜肴分析：

根据此菜的烹调方法，可制作炒鳝糊、熟炒肉丝等菜肴。

十、思考题：

1. 烫杀鳝鱼时应注意哪几点？
2. 为什么炒软兜长鱼的口感特别滑嫩？

第三节 清炒

清 炒 虾 仁

一、清炒虾仁是江苏名菜,选用新鲜、体大、肉肥的湖虾做主料。这种虾,壳薄、肉嫩,质优于其他各种虾。江苏湖泊众多,盛产鱼虾,尤以太湖白虾最有名,为太湖"三宝"之一,以体大、色白、鲜嫩、味美著称。

二、烹调方法:清炒。

三、味型特点:咸鲜。

四、原料:

主料:虾仁600g。

调料:精盐6g,味精2g,黄酒6g,葱白15g。

辅佐料:鸡蛋清1个,干淀粉4g,色拉油1000g(实耗50g)。

五、工艺流程:

原料→上浆→滑油→清炒→装盘。

六、制作过程:

1. 加工过程

(1)将虾仁漂洗净,用干净布吸去水分,加精盐、味精、黄酒拌匀,腌渍入味,用干淀粉、鸡蛋清上浆。

(2)葱白切成马蹄形片。

2. 烹调过程

(1)炒锅置火上,烧热滑锅,加入色拉油烧至120℃热时,下入浆好的虾仁滑油,待虾仁透明白亮后倒入漏勺沥油。

(2)原锅置火上,加入底油25g,下入葱片煸出香味,下入虾仁,烹入黄酒、精盐、味精,颠翻炒匀起锅,装盘即可。

3. 盛装方法

将炒好的虾仁盛装在10寸的圆盘或鱼盘中,用黄瓜、红樱桃点缀即成。

七、菜肴特点:

虾仁色白如玉,滑嫩清鲜。

八、操作关键:

1. 虾仁上浆时,水分要吸干,上浆打上劲。

2. 要正确掌握油温,虾仁最后起锅时,时间不可太长。

九、相关菜肴分析:

根据此菜的烹调方法,可制作清炒带子、清炒苦瓜等菜肴。

十、思考题:

1. 如果虾仁粗糙无光泽，形缩小，装盘后出水,是什么原因？
2. 怎样鉴别虾仁上浆恰到好处？

清 炒 鳝 丝

一、鳝鱼又名黄鳝，含有丰富的蛋白质、矿物质、维生素及组氨酸。"清炒鳝丝"是以清炒技法制成，做工精细，是营养丰富的滋补佳品。

二、烹调方法：清炒。

三、味型特点：咸鲜。

四、原料：

主料：活鳝鱼600g。

调料：葱15g,姜5g,蒜20g,香油3g,精盐5g,味精3g,黄酒10g,白胡椒粉20g。

辅佐料：鸡蛋清30g,高汤20g,色拉油750g(实耗75g)。

五、工艺流程：

鳝鱼宰杀→切丝→上浆→滑油→清炒→装盘。

六、制作过程：

1. 加工过程

将鳝鱼宰杀后剔骨洗净，切成6cm长、0.3cm粗的丝，置碗中加入精盐、黄酒、鸡蛋清、湿淀粉，拌匀上浆；葱切丝；姜、蒜切末。

2. 烹调过程

(1)将精盐、黄酒、味精、白胡椒粉同置碗中，加入高汤，对成调味芡汁。

(2)净锅置火上，烧热滑锅后，加入色拉油，烧至120℃，倒入浆好的鳝丝滑散，视其变白时捞出沥油。

(3)原锅留底油20g，投入切好的葱丝、姜末、蒜末，煸出香味，随即烹入调味芡汁，视其芡汁浓稠时，倒入鳝丝，淋入香油，翻炒均匀即成。

3. 盛装方法

将清炒鳝丝盛装在10寸鱼盘中，用香菜叶及红、绿樱桃点缀即成。

七、菜肴特点：

色泽白亮，鳝丝均匀，鲜嫩爽口，营养丰富。

八、操作关键：

1. 鳝鱼必须是鲜活的，以大鳝鱼最好。
2. 上浆时蛋清不宜过多。

九、相关菜肴分析：

根据此菜的烹调方法，可制作清炒芦笋、清炒三丁等菜肴。

十、思考题：

1. 为什么上浆时蛋清不宜过多？
2. 此菜的操作关键是什么？

第四节 滑炒

滑炒鸡丝

一、滑炒鸡丝是在"滑炒里脊"的基础上发展而来的,选用鸡脯做主料,口感更加光滑鲜嫩。

二、烹调方法:滑炒。

三、味型特点:咸鲜。

四、原料:

主料:鸡脯肉 30g。

配料:青、红椒各 25g,冬笋 25g。

调料:葱 15g,姜 5g,精盐 6g,黄酒 4g,味精 5g。

辅佐料:鸡蛋清 3 个,色拉油 1500g(约耗损 50g),高汤 25g。

五、工艺流程:

原料成丝→滑油→滑炒→调味→装盘。

六、制作过程:

1. 加工过程

将鸡脯肉洗干净,片成 6cm 长的大片,然后顺纹切成细丝,用凉水浸泡几分钟捞出,用洁净布吸干水分,加黄酒、精盐、鸡蛋清、湿淀粉拌匀上浆;冬笋、青红椒、葱、姜各切成丝。

2. 烹调过程

(1)炒锅放火上烧热,用油滑锅,加入色拉油烧至 120℃ 左右,下入鸡丝,用手勺搅散,视其颜色变白,倒入漏勺沥油。

(2)炒锅置火上,加底油,投入葱、姜丝,煸炒出香味,下入冬笋丝、青红椒丝,加黄酒、精盐、高汤,用湿淀粉勾芡,视其汁浓稠时,倒入鸡丝,颠翻出锅。

3. 盛装方法

将滑炒鸡丝盛装入 10 寸的圆盘内,用黄瓜片、红樱桃点缀于盘边即成。

七、菜肴特点:

色泽鲜艳,粗细均匀,光滑鲜嫩,紧汁明油。

八、操作关键:

1. 鸡丝必须顺纹切,否则成熟时易断、碎。

2. 浆和芡要适中,放入鸡肉丝后不能乱搅,要稳而快。

3. 掌握好油温。油温过高不宜滑散,油凉易脱浆。

九、相关菜肴分析:

根据此菜的烹调方法,可制作滑炒里脊丝,滑炒鱼丝等菜肴。

十、思考题:

1. 用牛里脊做此菜可以吗?应采取什么烹调方法?

2. 滑鸡丝的油温是多少度？应注意哪几个方面？

鱼 香 肉 丝

一、鱼香肉丝是川菜的代表菜肴之一，属于四川的特殊风味，选料考究，组合巧妙，具有烧鱼的香味，故名"鱼香肉丝"。

二、烹调方法：滑炒。

三、味型特点：鱼香味。

四、原料：

主料：肥瘦肉 200g。

配料：净青笋 100g，水发木耳 25g。

调料：泡辣椒 20g，姜 5g，葱 5g，蒜 15g，黄酒 10g，精盐 5g，味精 5g，酱油 10g，绵白糖 15g，黄醋 10g。

辅佐料：湿淀粉 35g，高汤 20g，色拉油 1000g（实耗 100g）。

五、工艺流程：

原料→切丝→腌渍→上浆→滑油→滑炒→调味→装盘。

六、制作过程：

1. 加工过程

（1）将肥瘦肉洗净切成粗丝，放入盛器内加入黄酒、酱油，腌渍入味，然后再放入湿淀粉上浆。

（2）青笋、木耳切成丝；泡辣椒剁成末；姜切末；蒜切米；葱切花。

2. 烹调过程

（1）炒锅放在火上烧热，用油滑锅，加入色拉油，烧至 120℃ 左右时，把上好浆的肉丝放入油锅中滑散，待其断生时倒入漏勺控去油。

（2）炒锅中加入底油 25g 烧热，放入泡辣椒末炒出红油，再放葱花、姜末、蒜米炒出香味，然后放入青笋、木耳丝煸出香味，同时放入黄酒、酱油、绵白糖、味精、精盐、黄醋、高汤，待汤汁烧开后，淋入湿淀粉，待汁稠浓时，加入明油，倒入肉丝，颠翻均匀起锅。

3. 盛装方法

将鱼香肉丝盛装在 10 寸的圆盘或鱼盘中，用香菜叶、红萝卜花点缀即成。

七、菜肴特点：

色泽鲜红，肉质鲜嫩，咸、甜、酸、辣兼备，葱、姜、蒜味突出。

八、操作关键：

1. 滑油前锅要烧热，这样原料才不易粘锅。

2. 用温油煸泡辣椒末，煸出红油，味才香。

3. 在葱、姜、蒜的使用中，蒜的比例大一些，味才突出。

九、相关菜肴分析：

根据此菜的烹调方法，可制作鱼香茄子、鱼香肉片等菜肴。

十、思考题：

1. 鱼香味是由哪几个基本味构成的？

2. 用鱼香味还可烹制什么菜肴？
3. 如果没有泡辣椒，还可以选用哪几种调味料代替？

第五节 抓炒

抓炒鱼片

一、抓炒鱼片是著名清宫菜肴，为清代御膳房御厨王玉山所创。传说有一天慈禧太后在吃饭时，看见一盘明亮油黄、鲜嫩软滑的炒鱼片，觉得分外好吃，她把厨师叫到跟前，问这道菜叫什么名？御厨王玉山事前并没有想到为菜取名，急中生智，回答说是抓炒鱼片，慈禧太后连称好，叫厨师再做几样"抓炒"，后来就凑出了"四大抓"，抓炒鱼片、抓炒里脊、抓炒腰花、抓炒虾仁，王玉山因此被人称为"抓炒王"。

二、烹调方法：抓炒。

三、味型特点：具有甜、酸、咸、香等多种口味。

四、原料：

主料：鲜鳜鱼肉150g。

调料：黄酒5g，精盐2g，酱油6g，绵白糖25g，黄醋3g，葱、姜末各3g。

辅佐料：色拉油1000g（耗75g），湿淀粉25g，高汤200g。

五、工艺流程：

原料刀工成型→制糊→下入油锅炸制→重油→调味汁→烹汁加热→装盘。

六、制作过程：

1. 加工过程

（1）将鱼肉去净皮、骨，用刀片成长4cm、宽2.5cm、厚0.3cm的长方形片，然后将鱼片挂上水淀粉糊。

（2）将酱油、黄酒、绵白糖、黄醋、精盐、葱姜末、高汤、湿淀粉放入碗内调匀，对成芡汁。

2. 烹调过程

（1）炒锅置火上，加入色拉油，烧至210℃热时，将鱼片逐片放入油锅中炸，待鱼片外壳变硬后，移小火上浸炸，当鱼片炸成黄色时捞出，再复炸一次，至色泽金黄时捞出。

（2）锅置火上，加入底油，烧热，下入对好的芡汁，待汁热成糊状后，下入炸好的鱼片翻炒，待芡汁裹均匀即成。

3. 盛装方法

将抓炒鱼片盛装在10寸的鱼盘或圆盘中，用红樱桃、香菜点缀即成。

七、菜肴特点：

色泽金黄，质感酥脆，具有甜、酸、咸、香等多种口味。

八、操作关键：

1. 鱼片加工大小、厚薄要一致。
2. 选料应选新鲜的活鱼。
3. 炸制后应复炸一次。
4. 对汁的量、味要掌握好。

九、相关菜肴分析：

根据此菜的烹调方法，可制作抓炒虾仁、抓炒腰花等菜肴。

十、思考题：

1."四大抓"指哪几个菜肴？
2. 抓炒的味型是不是糖醋味型？

抓炒里脊

一、抓炒里脊是著名清宫菜肴，为清代御膳房御厨王玉山所创，是为著名的"四大抓"之一。

二、烹调方法：抓炒。

三、味型特点：酸甜味。

四、原料：

主料：猪里脊200g。

调料：黄酒8g，绵白糖10g，酱油5g，精盐2g，葱、姜各5g，黄醋8g。

辅佐料：鸡蛋清1个，高汤50g，色拉油500g（约耗50g），湿淀粉25g。

五、工艺流程：

原料→切片→上浆→对汁→炸制→烹汁→装盘。

六、制作过程：

1. 加工过程

（1）将里脊切成3.5cm长、2.5cm宽的薄片，加入精盐、酱油、湿淀粉、鸡蛋清抓拌均匀。

（2）酱油、黄酒、绵白糖、黄醋、精盐、葱姜末、高汤、湿淀粉放入碗内调匀，对成芡汁。

2. 烹调过程

（1）炒锅置火上，加入色拉油，烧至210℃左右时，将里脊片逐片放入油锅中炸，待里脊片外壳变硬后，移小火上浸炸，当里脊片炸成黄色时捞出，再复炸一次，至色泽金黄捞出。

（2）锅置火上，加入底油，烧热，下入对好的芡汁，待汁成糊状后，下入炸好的里脊片翻炒，使芡汁裹均匀即成。

3. 盛装方法

将抓炒里脊片盛装在10寸的鱼盘或圆盘中，用红樱桃、香菜点缀即成。

七、菜肴特点：

色泽金黄，质感酥脆，具有甜、酸、咸、香等多种口味。

八、操作关键：

1. 里脊片大小厚薄一致。

2. 选料应新鲜。
3. 炸制后应复炸一次。
4. 对汁的量、味要掌握好。

九、相关菜肴分析：

根据此菜的烹调方法，可制作抓炒虾仁、抓炒腰花等菜肴。

十、思考题：

1. 在"四大抓"的基础上还能创新哪些菜肴？
2. 抓炒的味型适用于哪些菜肴？

第六节　软　炒

大良炒牛奶

一、大良炒牛奶是广东名菜，又称四宝炒牛奶。是以鲜牛奶为主料，加鸡肝、蟹肉、虾仁、火腿等同炒而成。因首创于广东顺德大良镇而得名。

二、烹调方法：软炒。

三、味型特点：奶香味。

四、原料：

主料：鲜牛奶 500g。

配料：腌虾仁 50g，熟鸡肝 50g，熟榄仁 50g，蟹肉 50g，火腿末 50g。

调料：精盐 5g，味精 6g。

辅佐料：色拉油 500g（约耗损 50g），蛋清 1 个，淀粉 25g。

五、工艺流程：

鲜牛奶烧开→加入调料、配料→炒制成形→装盘。

六、制作过程：

1. 加工过程

（1）取鲜牛奶 400g 在锅内烧开，倒在汤盆中，将余下的鲜牛奶 100g，加入淀粉、精盐、味精、蛋清搅匀后再倒入已烧开的牛奶中搅匀。

（2）将腌好的虾仁、熟鸡肝粒过油，滤去油，同蟹肉放入牛奶中拌匀。

2. 烹调过程

炒锅烧热用油滑锅，倒入调好的牛奶原料，用中火边炒边翻动，加入色拉油，炒至全部凝结时，下榄仁炒匀，装盘时，撒上火腿末。

3. 盛装方法

将大良炒鲜奶装在 10 寸圆盘中，堆成山形，撒上火腿末四周用黄瓜片围边即成。

七、菜肴特点：

色泽洁白，点缀艳丽，奶质软滑，入口即化。

八、操作关键：

1. 掌握好牛奶与蛋清的比例。
2. 加油时要加在原料旁边,不要淋在原料的中间。
3. 火不宜过大,否则色差。

九、相关菜肴分析:
根据此菜的烹调方法,可制作软炒黄菜、芙蓉鸡片等菜肴。

十、思考题:
1. 炒鲜奶为什么能成豆腐花状?
2. 锅不光滑会出现什么问题?

芙蓉冬笋泥

一、芙蓉冬笋泥是湖南组庵名菜之一,是以冬笋尖为主料,配以鸡脯肉、肥膘肉、熟火腿、菜心等原料,用软炒的技法制成,成菜白中透黄,鲜香软嫩。

二、烹调方法:软炒。

三、味型特点:咸香。

四、原料:

主料:冬笋尖200g。

配料:鸡脯肉75g,猪肥膘肉25g,熟火腿15g,青菜12棵,鸡蛋清5个。

调料:精盐3g,味精2g,白胡椒粉1g。

辅佐料:湿淀粉50g,高汤80g,色拉油100g。

五、工艺流程:

冬笋尖砸泥→加入调料拌匀→软炒→装盘。

六、制作过程:

1. 加工过程

(1)将冬笋尖砸成泥状,鸡脯肉和猪肥膘肉用刀背砸成茸,一同放入碗中,加入鸡蛋清2个,搅拌均匀。

(2)熟火腿切末;菜心洗净用开水余过;鸡蛋清3个用筷子打成蛋泡糊。

2. 烹调过程

(1)炒锅置火上,加入底油40g,烧至180℃左右时,下入冬笋泥炒至微黄带香味时盛入碗中,加入鸡茸、高汤、味精、湿淀粉、白胡椒粉、精盐搅拌均匀成鸡茸料。

(2)炒锅置火上,加入底油50g烧至240℃左右时,下入调好的鸡茸料翻炒,炒至色变白时迅速倒入蛋泡糊炒至成熟,淋入热明油10g,撒上火腿末即成。

3. 盛装方法

将芙蓉冬笋泥盛装在10寸圆盘中,周围拼摆上菜心即成。

七、菜肴特点:

鲜香软嫩,白中透黄,用调羹舀食,入口即消融。

八、操作关键:

1. 原料必须新鲜、质嫩。
2. 冬笋泥、鸡茸应砸细。
3. 炒锅要刷干净,油必须干净,成菜才能洁白。

九、相关菜肴分析：
根据此菜的烹调方法,可制作软炒芙蓉冬瓜泥、芙蓉鱼片等菜肴。
十、思考题：
1. 冬笋泥、鸡茸为什么要砸细？
2. 软炒芙蓉冬笋泥时应注意什么？

第七节　爆　炒

爆炒腰花

一、爆炒腰花是山东传统的形象热菜,此菜以猪腰子(又称猪肾)为主料,配以冬笋和木耳爆炒而成,此菜讲究刀功和火候。

二、烹调方法：爆炒。

三、味型特点：咸鲜。

四、原料：

主料：净猪腰 300g。

配料：冬笋 75g(也可配时令蔬菜),水发木耳 15g。

调料：精盐 2g,酱油 10g,黄酒 15g,味精 2g,白胡椒粉 5g,葱、姜、蒜各 5g。

辅佐料：湿淀粉 15g,高汤 50g,色拉油 750g(实耗 50g)。

五、工艺流程：

净猪腰→去腰臊→剞花刀(腌渍)→上浆→滑油→爆炒→装盘。

六、制作过程：

1. 加工过程

(1)猪腰撕去外膜,平刀剖成两片,去净腰臊,在剖面剞上麦穗花刀,再改成 4cm 长、2cm 宽的条,用精盐、黄酒、湿淀粉抓匀浆好(水粉浆)。

(2)冬笋切成 3cm 长、2cm 宽的薄片；葱、姜、蒜切成片；木耳改小。

(3)将精盐、黄酒、味精、酱油、白胡椒粉、湿淀粉及适量高汤同置碗中,对成芡汁。

2. 烹调过程

(1)炒锅置旺火上烧热,用油滑过后,加入色拉油烧至 270℃ 左右时,将腰花投入爆至猪腰花纹绽开,迅速倒入漏勺沥油,撒白胡椒粉。

(2)锅内加底油 20g 置旺火上烧至 150℃ 左右时,投入葱、姜、蒜煸香,下入冬笋片、木耳煸炒几下,烹入芡汁,倒入腰花,淋入明油,翻炒均匀起锅。

3. 盛装方法

将爆炒腰花盛装在 10 寸的圆盘中,用刻好的四角花围边即成。

七、菜肴特点：

花形美观,质地脆嫩,咸鲜适口。

八、操作关键：

1. 选料要新鲜,刀工要精细,刀纹要均匀。
2. 注意掌握火候,上浆要适中,芡汁不能过多,否则花纹不清晰。

九、相关菜肴分析:

根据此菜的烹调方法,可制作凤尾腰花、爆炒鱿鱼等菜肴。

十、思考题:

1. 如果花刀剞在腰子的光面,腰花能成卷吗?为什么?
2. 此菜的火候要求如何?

爆 双 脆

一、爆双脆是山东传统名菜之一,讲究刀功,重火候、油温,菜肴咸鲜脆嫩,色泽美观,芡汁紧裹原料。

二、烹调方法:爆炒。

三、味型特点:咸鲜。

四、原料:

主料:猪肚头 250g,鸡胗 150g。

调料:葱 5g,姜 5g,蒜 10g,味精 5g,精盐 3g,黄酒 25g,黄醋 3g,白胡椒粉 2g。

辅佐料:湿淀粉 25g,高汤 65g,色拉油 750g(实耗 50g)。

五、工艺流程:

原料初步加工→刀工成型→主料氽水→对芡汁→爆炒→装盘。

六、制作过程:

1. 加工过程

(1)用刀将猪肚头劈开,去皮,用清水洗净,在正面剞上十字花刀,然后在反面每隔 0.2cm 剞上直刀,刀口的深度为肚头厚度的 4/5,再切成 1.2cm 见方的块;将鸡胗剔去油筋,剞上十字花刀。

(2)取碗放入高汤、黄酒、白胡椒粉、味精、精盐、黄醋、湿淀粉,对成芡汁。

2. 烹调过程

(1)将剞花刀的肚头和鸡胗分别用开水氽过,随即捞出沥干水分。

(2)炒锅置旺火上,加入油烧至 210℃ 左右时,下入主料滑散,然后迅速倒入漏勺内沥净油。

(3)炒锅加入底油 50g,放入葱、姜、蒜煸出香味,倒入肚头、鸡胗,随即再倒入对好的芡汁,急火翻炒均匀后即可出锅。

3. 盛装方法

将爆双脆装在 10 寸的圆盘中,用萝卜花、黄瓜片、红樱桃围边。

七、菜肴特点:

咸鲜脆嫩,色泽美观,芡汁紧裹原料。

八、操作关键:

1. 剞花刀要均匀,深度一致。
2. 掌握好油温和时间。
3. 应旺火速炒,动作迅速。

九、相关菜肴分析：
根据此菜的烹调方法，可制作爆炒鸡胗、爆炒墨鱼花等菜肴。

十、思考题：

1. 此菜肴有何特点？怎样操作才能达到质感脆嫩的要求？
2. 剞花刀时的要求是什么？
3. 原料氽水，过油时应注意什么问题？

第八节　煸炒

生　煸　草　头

一、生煸草头是上海名菜，以金花菜为原料。金花菜沪语称草头，就是北方人称的苜蓿嫩芽，用急火煸炒而成。成菜色泽碧绿、光亮，浓香四溢，入口清香，脆嫩香鲜。

二、烹调方法：生煸。

三、味型特点：咸鲜。

四、原料：

主料：鲜嫩草头 200g。

调料：绵白糖 3g，精盐 2g，味精 1g，酱油 10g，曲酒 3g，色拉油 70g，熟猪油 20g。

五、工艺流程：

鲜嫩草头洗干净→加入调料→旺火速炒→加调料→装盘。

六、制作过程：

1. 加工过程

将嫩草头洗干净，沥干水分，加入白糖和味精拌均匀。

2. 烹调过程

锅烧热加入色拉油，用旺火烧至冒青烟时，倒入草头急速颠锅，并用手勺配合不断搅拌，煸炒草头到碧绿色，加入酱油、曲酒、熟猪油，炒至油光泛亮，迅速起锅即成。

3. 盛装方法

将生煸草头盛装在 10 寸的圆盘中，用红萝卜花、香菜围边即成。

七、菜肴特点：

菜肴碧绿，油色光亮，酒香四溢，入口清香，脆嫩香鲜。

八、操作关键：

1. 应选用鲜嫩的草头（北方应选用春季生长的苜蓿嫩芽）。
2. 初加工要干净。
3. 应旺火速炒。

九、相关菜肴分析：

根据此菜的烹调方法，可制作煸炒素什锦、煸炒豆苗等菜肴。

十、思考题：

1. 北方人在做生煸草头这个菜肴时应选用哪个季节的草头（即苜蓿）？

2. 此菜为何要旺火速成？

干煸牛肉丝

一、干煸牛肉丝是四川名菜，烹调方法独特。此菜起源于四川省自贡市，历经数百年，现已流传到四川各地，成为市肆常见菜肴。

二、烹调方法：煸炒。

三、味型特点：肉质酥香、麻辣、鲜美。

四、原料：

主料：牛肉 400g。

配料：蒜苗 75g。

调料：姜 10g，精盐 1g，黄酒 15g，酱油 10g，郫县豆瓣 40g，味精 1g，花椒面 1g，香油 10g。

辅佐料：色拉油 150g。

五、工艺流程：

牛肉切丝→煸炒→调味→装盘。

六、制作过程：

1. 加工过程

将牛背肉去筋，顺切成约 8cm 长、0.3cm 粗的粗丝；姜切成细丝；蒜苗对剖为数瓣，再切成约 4cm 长的段；豆瓣剁茸。

2. 烹调过程

炒锅置旺火上，下色拉油烧至 180℃ 左右时，下入牛肉丝反复煸炒至水气将干，下郫县豆瓣、精盐继续煸炒，边炒边加剩余色拉油，炒至牛肉将酥时，下酱油、姜丝、黄酒炒出香味，放入蒜苗至断生出香味时，加味精，淋上香油炒匀装盘，撒上花椒面即成。

3. 盛装方法

将干煸牛肉丝盛装在 10 寸的圆盘中，用红萝卜花、香菜围边即成。

七、菜肴特点：

成菜色泽深褐红，质酥，味麻辣干香，蒜苗碧绿干香。

八、操作关键：

1. 选料要正确，锅要烧热，以免影响菜肴质量。

2. 掌握好煸炒的火候。

九、相关菜肴分析：

根据此菜的烹调方法，可制作干煸鳝丝、干煸鸡等菜肴。

十、思考题：

1. 煸炒类菜肴的特点和要求是什么？

2. 为什么原料的质地不同，煸炒时的火候的要求也不相同？

第二章　实习课题——煸

锅 **煸** 鲍 鱼 盒

一、锅煸鲍鱼盒是北京传统名菜，是用水发鲍鱼、虾仁、猪肥膘肉作成圆盒状，用煸锅技法，煸制而成。

二、烹调方法：锅煸。

三、味型特点：咸鲜。

四、原料：

主料：水发鲍鱼 250g。

配料：虾仁 200g，猪肥膘肉 150g，荸荠 40g，胡萝卜 30g，水发香菇 25g。

调料：精盐 4g，味精 2g，黄酒 25g，绵白糖 1g，葱 10g，姜 10g。

辅佐料：面粉 20g，鸡蛋 3 个，高汤 100g，色拉油 200g。

五、工艺流程：

原料改刀→加入虾茸→制成鲍鱼盒→煸锅→装盘。

六、制作过程：

1. 加工过程

（1）将虾仁洗干净沥干水分，和猪肥膘肉砸成茸，制成虾肉茸；鸡蛋磕入碗中打散。

（2）分别将荸荠去皮洗净，剁成小粒；胡萝卜、水发香菇切成绿豆大小的粒，一同放入虾肉茸中，加入黄酒、味精、精盐，搅拌上劲，制成馅心。

（3）将水发的鲍鱼初加工，用刀片成 0.4cm 厚的圆片，粘上一层面粉，上一层馅心，并在馅心上面压一片鲍鱼片，即成鲍鱼盒，在夹馅的鲍鱼盒外面粘上面粉，再裹上鸡蛋液。

2. 烹调过程

锅置火上，加入色拉油烧热，将鲍鱼盒裹上鸡蛋液逐个下入炒锅中，用小火煎至两面金黄时，烹入黄酒、精盐、味精、高汤，用小火煸 10 分钟，待汁干时淋入明油，大翻身即可。

3. 盛装方法

将锅煸鲍鱼盒整齐地摆在 10 寸的圆盘中，用黄瓜、胡萝卜点缀即成。

七、菜肴特点：

色泽金黄，香味突出，味咸鲜，形状均匀，软中有脆。

八、操作关键：

1. 虾茸砸好拌馅时，应最后加精盐。

2. 煎制时炒锅要洗干净烧热，再滑锅，用小火煎制。

九、相关菜肴分析：

根据此菜的烹调方法，可制作锅煸豆腐、锅煸黄鱼等菜肴。

十、思考题：

1. 制虾茸时为什么最后加精盐？

2. 为什么煎鲍鱼盒时不用旺火煎制?

锅 熴 鲜 带 子

一、锅熴鲜带子是选用新鲜、个大的鲜带子,用锅熴的技法熴制而成的。
二、烹调方法:锅熴。
三、味型特点:咸香味。
四、原料:
主料:鲜带子500g。
配料:葱5g,姜5g,干红椒3g,香菜5g,鸡蛋2个。
调料:精盐2g,黄酒5g,绵白糖4g,味精2g,胡椒粉1g,香油1g。
辅佐料:湿淀粉25g,高汤50g,面粉50g,色拉油1000g(约耗50g)。
五、工艺流程:
鲜带子洗干净→上浆→滑油→裹上蛋液→煎制→熴制→装盘
六、制作过程:
1. 加工过程
(1)葱、姜切丝;干红椒切丝;香菜切成3cm长的段。
(2)将鲜带子洗干净,沥干水分,加入精盐、胡椒粉、黄酒、鸡蛋、湿淀粉拌均匀,上浆待用。
2. 烹调过程
(1)将上好浆的鲜带子滑油,捞出沥油,粘上面粉,再裹上蛋液,下油锅煎至两面金黄,倒入漏勺沥干油。
(2)净锅加入底油,下入葱姜丝、干红椒丝、香菜段煸出香味,烹入黄酒,加入高汤、精盐、绵白糖、味精,下入煎好的鲜带子,用小火熴入味,待汤汁收干时,大翻身,淋入香油即成。
3. 盛装方法
将锅熴鲜带子整齐地摆放在10寸圆盘中,用四角花、香菜点缀即成。
七、菜肴特点:
色泽金黄,滋润油亮,咸香酥松,带子鲜嫩。
八、操作关键:
1. 选用新鲜较大的鲜带子。
2. 煎制时锅要洗干净,烧热滑锅。
3. 锅熴时应用小火熴入味。
4. 成菜后要大翻身,形不能乱。
九、相关菜肴分析:
根据此菜的烹调方法,可制作锅熴茄盒、锅熴鱼肚等菜肴。
十、思考题:
1. 熴制时应掌握什么样的火候?
2. 裹蛋液前为何要粘上面粉?

第三章 实习课题——爆

第一节 油爆

油爆肚仁

一、肚仁又名肚头,是猪胃与小肠连接的括约肌,肉厚而有弹性,经旺火烹制而成。

二、烹调方法:油爆。

三、味型特点:鲜香。

四、原料:

主料:生猪肚 500g。

配料:冬笋 25g。

调料:精盐 3g,味精 1g,葱、姜、蒜各 5g,黄醋 2g,黄酒 3g,花椒水 2g。

辅佐料:食碱 5g,湿淀粉 5g,高汤 50g,色拉油 1000g(实耗 50g)。

五、工艺流程:

原料改刀→泡入碱水→洗净→过油→油爆→装盘。

六、制作过程:

1. 加工过程

(1)将生肚头切开,撕去外皮洗净,在里面剞上兰花花刀,再改成边长为 1.5cm 的菱形块,凉水碗内加食碱溶化后,将剞好花刀的肚头放入碱水中浸泡约 3 小时(使其涨发),捞出用水洗两次,去净碱味,沥干水分。

(2)葱、姜、蒜切成米;冬笋切成象眼片。

(3)将精盐、高汤、黄酒、花椒水、味精、黄醋、湿淀粉,对成芡汁。

2. 烹调过程

(1)炒锅置火上,加入色拉油,烧至 240℃左右时,把肚仁块倒入油锅;待其变形成花后速捞出。

(2)炒锅置火上,加入底油 15g 烧热,下入葱、姜、蒜煸香,放入肚仁,翻炒几下,烹入对好的芡汁,翻炒均匀出锅即成。

3. 盛装方法

油爆肚仁盛装在 10 寸圆盘中,用刻好的月季花、香芹叶点缀即成。

七、菜肴特点:

汁浓芡厚,脆嫩鲜香。

八、操作关键：

1. 过油时一定要将锅烧热滑锅。

2. 成菜速度一定要快。

九、相关菜肴分析：

根据此菜的烹调方法，可制作油爆肚梁（陕菜）、油爆螺片等菜肴。

十、思考题：

1. 为什么把剞好花刀的肚块放入碱水中浸泡？有何作用？

2. 如果速度慢，成品的口感会怎样？

油 爆 乌 花

一、油爆乌花是山东传统名菜，是以鲜乌鱼为主料，配以冬笋片和青豆油爆而成。此菜讲究刀功和火候。

二、烹调方法：油爆。

三、味型特点：咸鲜脆嫩。

四、原料：

主料：净鲜乌鱼 400g。

配料：冬笋 5g，青豆 5g。

调料：精盐 5g，黄酒 3g，味精 2g，葱、姜、蒜末各 1g。

辅佐料：湿淀粉 3g，高汤 50g，色拉油 1000g（约耗 50g）。

五、工艺流程：

原料剞花刀→氽制→对汁→爆炒→装盘。

六、制作过程：

1. 加工过程

（1）将鲜乌鱼洗干净，在里面剞上麦穗花刀，再切成长 5cm、宽 2.5cm 的块，将剞好花刀的乌鱼块在沸水内烫过捞出，沥干水分成麦穗状；冬笋切片和青豆一起放入沸水中氽过。

（2）碗内放入高汤、精盐、黄酒、味精、湿淀粉，对成"爆汁"。

2. 烹调过程

（1）炒锅置火上加入多量的色拉油，烧至 240℃ 左右时，放入乌鱼块，快速拨动一下，使其成卷，速捞出，沥干油。

（2）炒锅加入底油，下入葱、姜、蒜末煸炒出香味，下入冬笋片、青豆及"爆汁"，颠翻均匀即成。

3. 盛装方法

将油爆乌花盛装在 10 寸圆盘中，用香菜、红樱桃点缀即可。

七、菜肴特点：

成菜色泽洁白，质地脆嫩，芡汁明亮。

八、操作关键：

1. 在过油时要用旺火热油。

2. 芡汁不能太稠。

3. 余水时间不易长,成卷时速捞出。
九、相关菜肴分析:
根据此菜肴的烹调方法,可制作油爆大虾、油爆双花等菜肴。
十、思考题:
1. 乌鱼花成形应注意什么?
2. 过油时为什么要用旺火热油?

第二节　芫爆

芫爆里脊丝

一、芫荽又称香菜,芫爆是山东的传统爆炒技法之一,是用芫荽爆炒里脊丝而得名。
二、烹调方法:芫爆。
三、味型特点:咸鲜略有酸辣味。
四、原料:
主料:猪里脊肉 250g。
配料:香菜 100g。
调料:葱 15g,蒜 10g,姜 10g,味精 4g,黄醋 5g,黄酒 5g,白胡椒粉 2g,精盐 3g。
辅佐料:蛋清 1 个,色拉油 750g(约耗 50g),高汤 25g,湿淀粉 25g。
五、工艺流程:
原料切丝→上浆→滑油→对味汁→芫爆→装盘。
六、制作过程:
1. 加工过程
(1)将猪里脊去掉筋膜,片成片再切成细丝,放在凉水中浸泡,肉丝呈白色后捞出,挤出水分,加入黄酒、味精、精盐、鸡蛋清、湿淀粉上浆。
(2)将芫荽择洗干净,切成 3.5cm 长的段;葱、姜切丝,蒜切片。
(3)碗内加入高汤、味精、黄醋、白胡椒粉、黄酒,对成清汁。
2. 烹调过程
(1)炒锅置旺火上,放入色拉油烧至 20℃左右时,下入浆好的里脊丝,滑散捞出,沥干油。
(2)炒锅加入底油,下入葱姜丝、蒜片煸香,下入芫荽段,倒入滑好的里脊丝,烹入对好的芡汁,迅速颠翻均匀,淋上香油翻炒即成。
3. 盛装方法
成菜后装入 10 寸圆盘中,用香菜、萝卜花点缀。
七、菜肴特点:
里脊丝洁白,芫荽碧绿,白绿相印,鲜嫩清爽,芳香浓郁,并略带白胡椒粉的香辣味,有增进食欲之益。

八、操作关键：

1. 里脊丝要粗细均匀，上浆适中。

2. 要掌握好油温。

3. 要旺火速成。

九、相关菜肴分析：

根据此菜的烹调方法，可制作芫爆鱼丝、芫爆羊肉等菜肴。

十、思考题：

1. 里脊丝上浆时，应注意什么问题？

2. 如何使芫荽碧绿脆嫩？

芫 爆 散 丹

一、芫爆散丹是清真菜，以牛散丹（牛胃的一部分）为主料，香菜（芫荽）为辅料，爆制而成。

二、烹调方法：芫爆。

三、味型特点：咸鲜。

四、原料：

主料：散丹 250g。

配料：香菜 75g。

调料：葱 15g，姜 10g，精盐 3g，白胡椒粉 2g，黄醋 5g，香油 15g，味精 4g。

辅佐料：高汤 25g，熟鸡油 25g。

五、工艺流程：

原料初加工（洗干净）→切配→烹调（爆炒，加调味）→成菜→装盘。

六、制作过程：

1. 加工过程

（1）将牛散丹用 8 成开水烫一下，速捞出搓去散丹上一层粒状的灰黑色皮，洗净后放在开水锅中，用微火煮熟（约 3 小时）捞出，择去散丹上的油和杂质，用温水洗干净。

（2）将熟散丹切成长 5cm、宽 1.4cm 的块，在开水锅内汆一下捞出，挤净水分；芫荽择洗干净，切成 3cm 的段；葱、姜切成末。

2. 烹调过程

锅置火上，加入熟鸡油，下入葱、姜末煸出香味，迅速下入熟散丹爆炒几下，随即加入高汤、精盐、白胡椒粉、黄醋和香菜段，颠翻几下，使香菜碧绿断生，淋入香油即成。

3. 盛装方法

将爆好的芫爆散丹盛装在 10 寸圆盘或鱼盘中，用黄瓜片围边即成。

七、菜肴特点：

质地脆嫩，清鲜不腻，有浓郁的香菜和特别的鲜味，食之易消化。

八、操作关键：

1. 散丹先用 8 成熟水烫一下，去黑皮。

2. 用小火长时间煮(约 3 小时)。
3. 旺火爆炒,最后下入香菜断生。

九、相关菜肴分析:
根据此菜的烹调方法,可制作芫爆鱿鱼丝、芫爆鸡丝等菜肴。

十、思考题:
1. 去散丹黑皮时先用开水煮,能去掉黑皮吗?
2. 用大火长时间煮熟,散丹质感会怎样?

第三节 酱爆

酱爆鸭片

一、酱爆鸭片是在传统鲁菜的酱爆技法的基础上,特别增加了蒜末作为调料,烹制而成的一道菜肴。

二、烹调方法:酱爆。

三、味型特点:咸甜。

四、原料:
主料:烤鸭 750g。
调料:甜面酱 30g,蒜 15g,绵白糖 30g,黄酒 25g,味精 3g,香油 15g。
辅佐料:色拉油 1000g(实耗 50g)。

五、工艺流程:
刀工成型→滑油→调味烹制→装盘。

六、制作过程:
1. 加工过程
用刀将烤鸭片成大薄片;蒜切成末。

2. 烹调过程
(1)炒锅置火上,加入色拉油烧至 180℃热时,下入片好的鸭片,用手勺搅动使其滑散,立即起锅倒入漏勺内控净油。
(2)炒锅置火上,加入底油烧热,下入蒜末,煸炒出香味后,再下入甜面酱、味精、绵白糖、黄酒,用微火将甜面酱炒至发黏、呈枣红色时下入鸭片,迅速翻炒,使甜面酱均匀地裹在鸭片外表即成。

3. 盛装方法
将爆好的鸭片装在 10 寸圆盘或鱼盘中,用黄瓜片和红樱桃点缀即成。

七、菜肴特点:
甜咸适宜,有浓郁的酱香味,食用时也可配上葱段、黄瓜条,风味更佳。

八、操作关键:

1. 烤鸭片要大要薄。
2. 炒酱时要用微火。
九、相关菜肴分析：
根据此菜的烹调方法,可制作酱爆羊肉丁、酱爆肉丝等菜肴。
十、思考题：
1. 炒酱时为什么要使用微火？
2. 烤鸭片为什么要薄要大？

酱 爆 茭 白

一、酱爆茭白是山东酱爆菜的代表菜之一,用酱爆技法烹制而成。
二、烹调方法：酱爆。
三、味型特点：酱香。
四、原料：
主料：鲜茭白750g。
调料：甜面酱75g,精盐2g,酱油5g,绵白糖2g,味精1g,葱、姜各5g,黄酒5g。
辅佐料：高汤50g,色拉油1500g(约耗50g),湿淀粉20g。
五、工艺流程：
茭白→切条→炸制→酱爆→装盘。
六、制作过程：
1. 加工过程
将干净新鲜的茭白切成3cm长、1cm厚的条；葱、姜切成米。
2. 烹调过程
（1）炒锅置火上,加入色拉油,烧至180℃左右时,下入切好的茭白条,炸至色浅黄时捞出。
（2）炒锅置火上,加入底油30g,下入葱、姜末煸炒出味后,加入甜面酱,用小火炒出香味,加入酱油、炸好的茭白条,再加入黄酒、白糖、高汤、精盐,并快速搅拌颠翻,用湿淀粉勾芡,淋上明油即成。
3. 盛装方法
将酱爆茭白盛装在10寸鱼盘中,用黄瓜片点缀即成。
七、菜肴特点：
色泽红亮,脆软滑嫩,有浓郁的酱香味。
八、操作关键：
1. 在炒甜面酱时,火不能大,油温不能过高,否则色黑味苦。
2. 绵白糖不能太多,甜面酱本身有甜味。
九、相关菜肴分析：
根据此菜的烹调方法,可制作酱爆冬笋、酱爆鱿鱼卷等菜肴。
十、思考题：
1. 在爆甜面酱时应注意哪几个方面？
2. 用其他酱品烹制此菜可以吗？

第四节 葱爆

葱爆羊肉

一、葱爆羊肉是陕西清真传统名菜，是以羊后腿肉为原料，采用葱爆的技法烹制而成。葱爆羊肉是一个火功要求较高的菜肴，烹制时间过长羊肉较老，不易咀嚼，过短则羊肉不熟。

二、烹调方法：葱爆。

三、味型特点：咸鲜葱香。

四、原料：

主料：羊后腿肉 250g。

配料：大葱 150g。

调料：精盐 4g、酱油 4g、香油 5g、味精 2g、色拉油 75g。

五、工艺流程：

原料切片→腌渍→爆炒→加入调料→装盘。

六、制作过程：

1. 加工过程

将羊肉除尽筋膜，切成 5cm 长、3cm 宽的片放入碗中，用酱油、色拉油、精盐抓拌均匀；葱切成马蹄形片。

2. 烹调过程

净锅烧热，加入色拉油，下入羊肉片、葱，急速爆炒至葱软肉熟时，加入精盐、酱油、味精，淋入香油，翻拌均匀即成。

3. 盛装方法

将葱爆羊肉盛入 10 寸圆盘中，用胡萝卜片、黄瓜、红樱桃点缀即成。

七、菜肴特点：

羊肉滑嫩，葱香味浓香，鲜香爽口。

八、操作关键：

1. 选用无腥味、异味的嫩羊肉。

2. 急火爆炒，成菜才能肉嫩葱香。

九、相关菜肴分析：

根据此菜的烹调方法，可制作葱爆海参、葱爆鸭片等菜肴。

十、思考题：

1. 此菜在选料时要注意什么？

2. 此菜在烹制时为什么要旺火？

葱爆三样

一、葱爆三样是清真传统名菜,是以羊肉、羊肝、羊腰子三种原料,称为三样,用葱爆技法制成而成名。

二、烹调方法:葱爆。

三、味型特点:咸鲜葱香。

四、原料:

主料:羊肉 150g,羊肝 100g,羊腰子 150g。

配料:大葱 150g。

调料:精盐 2g,味精 2g,酱油 10g,黄醋 2g,姜、蒜各 6g。

辅佐料:色拉油 1000g(实耗 50g)。

五、工艺流程:

原料取净筋膜→切片→滑炒→葱爆→装盘。

六、制作过程:

1. 加工过程

(1)将羊肉、羊肝、羊腰子冲洗干净,分别剔去筋膜,切成薄片。

(2)大葱切成马蹄片;姜切丝;蒜切片。

2. 烹调过程

(1)炒锅加入色拉油,烧至210℃时,下入羊肉、羊肝、羊腰子,滑散后倒入漏勺沥油。

(2)炒锅加入底油烧热,下入葱片、蒜片、姜丝煸出香味,随即下入羊肉、羊腰、羊肝,烹入黄醋、酱油、精盐、味精,翻炒均匀,出锅。

3. 盛装方法

将葱爆三样盛装在 10 寸圆盘中,用黄瓜片、红樱桃点缀即成。

七、菜肴特点:

葱香浓郁,脆嫩可口,色泽酱红。

八、操作关键:

1. 原料选用新鲜的。

2. 羊肉宜用后腿。

3. 旺火快速爆炒。

4. 葱的量要大,要煸出葱的香味。

九、相关菜肴分析:

根据此菜的烹调方法,可制作葱爆乌鱼条、葱爆牛肉等菜肴。

十、思考题:

1. 此菜在选料时要注意什么?

2. 此菜在烹制时为什么要旺火?

第五节　汤爆

汤爆肚仁

一、肚仁又名肚尖,是猪胃与小肠连接处的括约肌,肉厚而有弹性,经旺火烹制,颇有特色。

二、烹调方法:汤爆。

三、味型特点:咸鲜。

四、原料:

主料:生猪肚仁 400g。

配料:熟火腿 20g,熟鸡脯肉 20g,冬笋 20g,香菇 5g。

调料:精盐 3g,黄酒 10g,白胡椒粉 1g,味精 2g,香菜 5g。

辅佐料:高汤 750g。

五、工艺流程:

原料初加工→剞上花刀→片成薄片→泡入清水→烫制→装汤碗。

六、制作过程:

1. 加工过程

(1)将肚尖用直刀剖开,放平,片去外皮,刮去肉里油腻,修齐边沿,直刀剞 4/5 深度,横批成薄片,放入清水内浸泡。

(2)鸡脯肉、火腿、冬笋切成相同的柳叶片;香菇切片;香菜洗净切段。

2. 烹调过程

(1)炒锅置火上,加入水烧沸,将肚片倒入略烫,速捞出,放入汤盆内,加入黄酒、味精、精盐。

(2)将切好的鸡脯肉、冬笋、火腿、香菇片倒入沸水锅内略烫,捞出放入肚片上,再加入香菜段、白胡椒粉。

(3)另取炒锅加入高汤,将汤烧沸即成。

3. 盛装方法

将汤爆肚仁盛装在大的玻璃汤碗中即成。

七、菜肴特点:

汤清见底,肚仁脆嫩,食之鲜香。

八、操作关键:

1. 选料要新鲜。

2. 剞肚仁的深度要一致,片不宜太厚。

3. 烫肚仁的汤不用,另用高汤。

九、相关菜肴分析:

根据此菜的烹调方法,可制作汤爆双脆、汤爆鲜鱿等菜肴。

十、思考题:

1. 如何才能保持肚仁的脆嫩?

2. 应注意哪些关键环节才能使汤清见底？

汤 爆 双 脆

一、汤爆双脆是鲁菜的传统名菜，用汤爆的技法，选用猪肚头和鸡肫汤爆而成。

二、烹调方法：汤爆。

三、味型特点：咸鲜。

四、原料：

主料：猪肚头 150g，鸡肫 150g。

配料：口蘑 25g，冬笋尖 25g。

调料：精盐 2g，酱油 1g，味精 2g，黄酒 10g，白胡椒 2g，葱、姜各 5g，香菜 15g，花椒 1g。

辅佐料：高汤 1000g。

五、工艺流程：

原料→剞花刀→氽制→汤爆→装汤盆。

六、制作过程：

1. 加工过程

（1）冬笋尖切片；口蘑切片；香菜切段。

（2）将猪肚头洗净，剞上蓑衣花刀，再切成 3cm 见方的块；鸡肫去净筋膜，一剖两半，剞上蜈蚣花刀。

（3）将剞好花刀的肚头放入 5% 的碱水中浸泡约 3 小时（使其涨发），捞出用清水漂洗净碱味，连同鸡肫一同放入清水盆中，加入拍松的葱、姜和花椒浸泡。

2. 烹调过程

（1）将肚头、鸡肫投入开水锅中爆至断生，捞出，放入汤盆中。

（2）净锅置火上，加入高汤烧开，下入冬笋片、口蘑片，加入黄酒、精盐、味精、酱油（使汤色成象牙色），撇去浮沫即成。

3. 盛装方法

将汤爆双脆装在汤盆中，上桌时带香菜碟即成。

七、菜肴特点：

肚头、鸡肫脆嫩，汤清味鲜，清香爽口。

八、操作关键：

1. 剞刀时深浅宽窄要一致，防止汤爆时出现生熟不匀的现象。

2. 用碱水涨发是为使其更加脆嫩，但碱味一定要洗干净。

3. 酱油上色，不能多放。

4. 汤爆最佳水温是 95℃～98℃。

九、相关菜肴分析：

根据此菜的烹调方法，可制作汤爆羊肚、汤爆鹑脯等菜肴。

十、思考题：

1. 汤爆最佳水温是多少度？

2. 汤爆菜的操作关键是什么？

第四章 实习课题——熘

第一节 脆熘

松鼠鳜鱼

一、松鼠鳜鱼为江苏传统名菜,将鳜鱼经改刀处理后,烹炸成松鼠状,调入蒜末、笋丁、青豌豆、虾仁等炒制的配料而成。

二、烹调方法:脆熘。

三、味型特点:酸甜。

四、原料:

主料:鳜鱼 1 条(约 750g)。

配料:熟冬笋 15g,水发香菇 10g,酱瓜 10g,虾仁 30g,青豌豆 5g,红椒 5g。

调料:精盐 15g,番茄酱 30g,绵白糖 25g,白醋 5g,姜 10g,葱白 10g,蒜 10g。

辅佐料:色拉油 1000g(约耗 100g),干淀粉 50g,湿淀粉 25g。

五、工艺流程:

鳜鱼初加工→剞花刀→腌渍→拍粉→入油锅炸制定型→复炸→装盘→配料切丁→制茄汁→浇卤汁→装盘。

六、制作过程:

1. 加工过程

(1)将鳜鱼去鳞、鳃、内脏,冲洗干净,用刀在脯鳍处斜切下头,在下颚处剖开鱼头,轻轻拍平,沿鱼脊骨两侧平批至尾不断,斩去脊骨,鱼皮朝下,批去胸刺,在鱼肉上均匀地先斜刀剞,后直刀剞至鱼皮,成菱形小块,用精盐、黄酒腌渍后,拍上干淀粉,用手倒抹,使刀纹分清,成生松鼠鱼生坯。

(2)将冬笋、香菇、酱瓜、红椒切成小丁;葱、姜、蒜切成米,虾仁上浆。

2. 烹调过程

(1)炒锅置火上,放入色拉油,烧至 210℃左右时,将松鼠鱼生坯放入油锅炸至定型捞出,待油温升至 240℃时复炸至金黄色时捞出装盘,放上炸好的鱼头。

(2)在炸鱼的同时,另将一个炒锅上火,放入色拉油,下入虾仁滑油后捞出。

(3)锅置火上,加底油放入笋丁、香菇丁、酱瓜丁、红椒丁、青豌豆、葱、姜、蒜米煸炒,加入番茄酱、绵白糖、黄酒、精盐、清水 75g 烧沸,用湿淀粉勾芡,加入白醋、香油,搅匀成茄汁起锅,浇在炸好的松鼠鱼身上,撒上热虾仁即成。

3. 盛装方法

装入 16 寸大圆盘中,用红樱桃点缀成葡萄,成松鼠葡萄状。

七、菜肴特点:

形似松鼠,色泽枣红,外脆里嫩,酸甜适口,香味浓郁。

八、操作关键:

1. 剖刀距离要相等,拍粉要均匀,现拍现炸。

2. 鱼和卤汁要同时出锅,迅速浇汁上席。

九、相关菜肴分析:

根据此菜的烹调方法,可制作珊瑚鱼、飞燕鱼等菜肴。

十、思考题:

1. 为使形态更加生动逼真,松鼠鱼的头可采用什么形式表现?

2. 为什么鱼和卤汁要同时出锅?

菊花里脊

一、菊花里脊是将猪里脊肉加工成菊花的形态而得名。

二、烹调方法:脆熘。

三、味型特点:酸甜微咸。

四、原料:

主料:带板筋的里脊肉 500g。

调料:精盐 5g,绵白糖 20g,白醋 25g,姜 20g,黄酒 25g,葱 20g,番茄酱 25g,蒜 30g。

辅佐料:干淀粉 250g,湿淀粉 25g,高汤 400g,色拉油 1000g(约耗 100g)。

五、工艺流程:

原料→剖刀→腌渍→拍粉→炸制→复炸→烹汁→浇汁→成品。

六、制作过程:

1. 加工过程

(1)选用带板筋的里脊肉上面将板筋剔去但不要剔净,肉面修平整用交叉刀法剖花刀,先斜刀后直刀,刀剖至板筋膜上,刀距 0.5cm,然后改成约 5cm 见方的肉块,共剖 12 块(剖刀斜度要大,丝才能长);葱切段;姜切片;蒜切成米。

(2)用黄酒、精盐、葱段、姜片将菊花里脊腌渍 15 分钟,然后拣去葱、姜不用。

(3)将腌渍后的菊花生坯拍粉待用。

(4)将番茄酱、蒜米、绵白糖、白醋、精盐、湿淀粉、高汤放入碗中,对成芡汁。

2. 烹调过程

(1)炒锅置旺火上,锅中加入多量的色拉油,烧至 180℃左右时,下入拍过粉的菊花里脊生坯,炸至定型捞出,待油温升至 240℃ 时,再下入菊花里脊,炸至金黄色捞出,摆在鱼盘中。

(2)炒锅加入底油,下入葱、姜、蒜米煸出香味,放入对好的番茄汁,烧沸,待汁起"鱼眼泡"时再下入热明油,将番茄汁淋在菊花里脊上即成。

3. 盛装方法

将烹制好的菊花里脊,盛装在 10 寸圆盘中,用氽过水的芹菜叶点缀即成。

七、菜肴特点：
形似菊花，外酥里嫩，酸甜适口。
八、操作关键：
1. 剞花刀时，斜度要大丝才能长。
2. 拍粉后应速炸，以防粘连。
3. 烹汁时应加入热明油，汁才能透亮。
九、相关菜肴分析：
根据此菜的烹调方法，可制作菊花鱼、凤凰鱼等菜肴。
十、思考题：
1. 糖醋味的菜肴为何不加味精？
2. 为什么板筋不要剔净？

第二节　滑熘

滑熘虾丝

一、滑熘虾丝是将虾仁砸成虾茸，调成虾酿装入裱花的纸桶内，汆成细丝，用滑熘的技法制成。
二、烹调方法：滑熘。
三、味型特点：咸鲜。
四、原料：
主料：新鲜虾仁 400g。
配料：青、红椒各 15g，冬笋 15g，葱 25g，姜 5g。
调料：精盐 10g，味精 5g，黄酒 5g，色拉油 25g。
辅佐料：蛋清 1 个，湿淀粉 25g，高汤 25g。
五、工艺流程：
鲜虾→制成虾酿子→汆成细丝→滑熘→调味→装盘。
六、制作过程：
1. 加工过程
(1)将虾仁漂洗干净，用洁布压干水分，用刀背砸成茸，放置碗中，加入味精、黄酒、鸡蛋清、精盐搅打上劲成虾酿子，放入冰箱稍冻 10 分钟。
(2)将虾酿子装入裱花的纸桶内，挤入微开的水中，汆至断生时捞出，切成 6cm 长的段；冬笋切丝；青红椒切成细丝；葱、姜切成丝。
2. 烹调过程
(1)炒锅置火上，加入多量的清水烧沸，下入冬笋丝、青红椒丝，用沸水汆一下捞出。
(2)净锅置火上加底油，下入葱、姜煸炒出香味，下入青红椒丝、冬笋丝，加入黄酒、精盐、高汤、味精，倒入虾丝，勾芡，淋明油，翻炒均匀即成。
3. 盛装方法
将滑熘虾丝盛装在8寸鱼盘中，用香菜、红樱桃点缀即成。
七、菜肴特点：
色泽鲜艳，鲜香爽口，虾丝滑爽。
八、操作关键：
1. 虾仁一定要新鲜，洗干净，砸成茸。
2. 蛋清不宜放太多，否则形状不好。
3. 汆虾丝时水不能大开（不然易断）。
4. 此菜芡汁不宜过大。
九、相关菜肴分析：
根据此菜的烹调方法，可制作滑熘里脊、滑熘鸡片等菜肴。
十、思考题：
1. 鸡蛋清在虾茸中起什么作用？
2. 水大开之后汆虾酿子会出现什么问题？

滑熘鱼片

一、滑熘鱼片是在滑熘里脊的基础上，选用鱼片滑熘而成，使成品色泽更加洁白。
二、烹调方法：滑熘。
三、味型特点：咸鲜。
四、原料：
主料：草鱼1条（约750g）。
配料：冬笋50g，菜心25g。
调料：葱20g，姜5g，精盐10g，黄酒5g，味精2g。
辅佐料：湿淀粉20g，色拉油1500g（约耗50g），鸡蛋清2个，高汤50g。
五、工艺流程：
原料初加工→净鱼肉片成片→腌渍→上浆→滑油→滑熘→装盘。
六、制作过程：
1. 加工过程
（1）将草鱼宰杀剔骨，去皮后将鱼肉片成4cm长、2.5cm宽、0.3cm厚的片（片鱼片时不要带红色的肌肉），放入凉水碗中，泡10分钟捞出，用洁净的布吸干水分，放入碗中，加入黄酒、精盐腌渍，然后加入鸡蛋清、湿淀粉上浆。
（2）冬笋切片；菜心一剖两半；葱切象眼片；姜切片。
（3）将精盐、黄酒、味精、高汤、湿淀粉放入碗中对成芡汁。
2. 烹调过程
（1）炒锅放火上烧热，用油滑锅，加入色拉油，烧至120℃热时，将鱼片分散下入油锅中，用手勺轻轻搅动，视其鱼片变白时速倒入漏勺。
（2）炒锅放火上，加入底油30g，下入葱、姜煸香，再下入冬笋片、菜心炒至成熟，倒入对好的芡汁，视其汁浓稠时倒入鱼片，轻翻均匀即成。

3. 盛装方法

将滑熘鱼片盛装在10寸鱼盘中，用鲜花和香菜点缀即成。

七、菜肴特点：

色泽洁白，光滑鲜嫩，咸鲜适口。

八、操作关键：

1. 片鱼片要薄厚均匀。

2. 炒锅要滑光，否则影响色泽。

3. 鱼片在烹制时，不能翻动过多，防止散烂。

九、相关菜肴分析：

根据此菜的烹调方法，可制作滑熘肝尖、宫保鸡丁等菜肴。

十、思考题：

1. 原料滑油时油温为什么不能高？

2. 鱼片切好后为什么要用清水泡？有什么作用？

第三节　软熘

五柳鱼

一、五柳鱼是南京传统名菜。传说在明朝末年有位隐士，住在南京乌龙潭附近，潭边有五棵粗大茂密的柳树，隐士常在柳树下饮酒诵诗，一日雅性大发，在潭边钓得一条鱼拿回家中，自烹自食，怡然自得，隐士自称"五柳居士"，他烹制的鱼，人们就称为"五柳鱼"。

二、烹调方法：软熘。

三、味型特点：咸鲜微辣。

四、原料：

主料：新鲜草鱼1尾（约700g）。

配料：瓜英丝、锦菜丝、红姜丝、白姜丝、酸荞头丝（即五柳丝）各10g。

调料：蒜茸2g，辣椒丝5g，葱丝3g，黄酒5g，生抽3g，精盐2g，白醋5g，绵白糖2g，味精3g，白胡椒粉1g，葱油10g，香油1g。

辅佐料：高汤150g，湿淀粉10g。

五、工艺流程：

鱼进行初加工→剞刀→腌渍→煮熟→装盘摆五柳丝→烹汁→浇汁→成品。

六、制作过程：

1. 加工过程

将草鱼进行初加工，洗干净，在鱼身两侧各剞斜一字花刀（刀距约5cm），然后加入精盐、黄酒、葱段、姜片腌渍20分钟。

2. 烹调过程

(1)炒锅置火上,加入清水1500g,下入腌渍好的鱼,烧开后,改用小火将鱼煮熟,捞出,沥干水分,装在鱼盘中。

(2)将五柳丝分别氽水,按颜色不同,间隔摆在鱼身上。

(3)净锅置火上,烧热加入底油,下入蒜茸、辣椒丝、葱丝煸出香味,烹入黄酒,加入生抽、白醋、高汤、绵白糖、味精,烧开后加入湿淀粉勾芡,淋入明油,撒上白胡椒粉,浇在鱼身上即成。

3. 盛装方法

将五柳鱼盛装在10寸鱼盘中,用香芹叶、红樱桃点缀即成。

七、菜肴特点:

色泽鲜艳,咸鲜酸辣,鱼肉鲜嫩。

八、操作关键:

1. 选料要鲜活。

2. 初加工要干净。

3. 小火煮鱼时一定要将鱼煮熟。

4. 调味汁口味要定准。

九、相关菜肴分析:

根据此菜的烹调方法,可制作西湖醋鱼、软熘鱼扇等菜肴。

十、思考题:

1. 为什么要用小火煮鱼?

2. 五柳丝是哪五种?

注:五柳即瓜英丝、锦菜丝、红姜丝、白姜丝、酸荞头丝,是南京的五种酱菜。

熘 鸡 脯

一、熘鸡脯是著名的清宫菜肴,是以鸡脯肉为主料,配以鲜豌豆为辅料,熘制而成。曾是慈禧太后非常喜爱的菜肴。

二、烹调方法:软熘。

三、味型特点:咸香滑嫩。

四、原料:

主料:鸡脯肉和鸡里脊肉150g。

配料:鲜嫩豌豆粒25g。

调料:黄酒4g,精盐3g,味精2g,葱10g,姜5g。

辅佐料:鸡蛋清4个,湿淀粉25g,色拉油1000g(实耗50g),高汤100g。

五、工艺流程:

原料加工→制茸→制鸡酿子→过油制丸子→软熘→装盘。

六、制作过程:

1. 加工过程

(1)葱切段,姜去皮拍松,放入冷水碗中即成葱姜水。

(2)将鸡脯肉和鸡里脊肉,用刀背砸成茸,择净鸡膜。

(3)将砸好的鸡茸,放入汤盆中,加入葱姜水、黄酒、味精、湿淀粉、鸡蛋清,向一个方向搅拌均匀,再加入精盐,使鸡酿上劲。

2. 烹制过程

(1)炒锅置火上,烧热滑锅,加入色拉油,烧至约120℃左右时,将鸡酿倒入漏勺漏入油锅中,即成豌豆大小的丸子,视其色变白、定型后速捞出,沥油。

(2)锅中加入高汤、黄酒、精盐、味精,下入鲜豌豆烧开,成熟后用湿淀粉勾芡,下入滑好的鸡球,淋入明油即成。

3. 盛装方法

将熘鸡脯盛装在10寸鱼盘中,用鲜花和香菜点缀即成。

七、菜肴特点:

鸡球洁白,柔软滑嫩,豌豆碧绿,色泽美观。

八、操作关键:

1. 鸡脯肉应选鲜嫩的。
2. 制鸡茸时一定要砸细。
3. 制鸡酿时,精盐要最后加。
4. 软熘时,一定要掌握好油温,成型后速捞出。

九、相关菜肴分析:

根据此菜的烹调方法,可制作浮油鸡片、雪花鸡等菜肴。

十、思考题:

1. 制鸡茸时为什么要最后加精盐?
2. 此菜油温要如何掌握?

第四节 糟熘

糟熘鱼片

一、糟油是江苏特产调料之一,此菜是以香糟油调味烹制而成的风味名菜,是夏令佳肴。

二、烹调方法:糟熘。

三、味型特点:甜中带咸,糟香浓郁。

四、原料:

主料:净青鱼肉250g。

配料:水发木耳15g。

调料:糟卤35g,精盐2g,味精2g,葱2g,绵白糖5g。

辅佐料:高汤125g,鸡蛋清1个,湿淀粉5g,色拉油500g(实耗50g)。

五、工艺流程:

原料切片→上浆→滑油→糟熘→装盘。

六、制作过程:

1. 加工过程

（1）将鱼肉片成片，用凉水浸泡鱼肉至变白捞出，沥干水分，用精盐、蛋清、湿淀粉拌匀上浆。

（2）木耳洗干净用开水烫后捞出放入盘中；葱切成葱花。

2. 烹调过程

（1）炒锅置火上，加入色拉油，烧至120℃左右时，将鱼片分散下入滑油，待鱼片变白时捞出，倒入漏勺沥油。

（2）锅中加入底油25g，放入葱花、木耳、精盐、绵白糖、糟卤，用手勺搅匀，下入滑散的鱼片，勾芡，淋入热明油，翻锅装盘即成。

3. 盛装方法

将鱼片装入10寸鱼盘中，用红樱桃、香菜叶点缀即成。

七、菜肴特点：

色泽淡黄，甜中带咸，糟香浓郁，鲜嫩异常。

八、操作关键：

1. 鱼片滑油时，变色速捞出。

2. 注意鱼片要完整。

3. 卤汁不宜太厚。

九、相关菜肴分析：

根据此菜的烹调方法，可制作糟熘鸭肝、糟熘虾仁等菜肴。

十、思考题：

1. 怎样使鱼片既鲜嫩又整齐？

2. 糟卤作为调味品，在使用上有什么要求？

糟 熘 三 白

一、糟熘三白是山东名菜之一，因以香糟酒和三种白色原料一起烹制而得名，具有独特风格。

二、烹调方法：糟熘。

三、味型特点：糟香，咸甜

四、原料：

主料：鸡脯肉100g，净桂鱼肉100g，冬笋100g。

调料：绵白糖20g，香糟酒100g，精盐2g，味精2g，熟鸡油5g。

辅佐料：鸡蛋清25g，湿淀粉50g，高汤200g，色拉油750g（实耗75g）。

五、工艺流程：

原料切配成型→入味上浆→滑油→调汤汁→勾芡→装盘。

六、制作过程：

1. 加工过程

（1）将鸡脯肉洗干净，去筋膜，片成3cm的斜刀片；净桂鱼肉片成长3cm、宽2cm、厚0.2cm的斜刀片。将鱼片、鸡片分别放在两个碗内，加精盐、味精、鸡蛋清、湿淀粉上浆。

(2)冬笋切成同桂鱼肉片相同大小的片,用开水氽透捞出。

2. 烹调过程

(1)炒锅置火上,加入多量的色拉油烧至120℃左右时,将鱼片逐片下入锅中,滑散捞出,再下入鸡片滑散速捞出,倒入漏勺沥油。

(2)炒锅置火上,放入高汤、精盐、味精、白糖烧开,撇净浮沫,再下入冬笋、鱼片、鸡片,微火烧开后,下入香糟酒,转旺火,淋入湿淀粉,加入明油,大翻勺,淋上熟鸡油,装入盘中即成。

3. 盛装方法

将制好的糟熘三白装在10寸汤盘中,用萝卜花和香菜点缀即可。

七、菜肴特点:

糟香浓郁,咸甜适中,质地软嫩香醇。

八、操作关键:

1. 原料成型的大小、厚薄要一致。

2. 原料一定要保持色白。

九、相关菜肴分析:

根据此菜的烹调方法,可制作糟熘鸭三白、糟熘鲈鱼等菜肴。

十、思考题:

1. 此菜为何取名"糟三白"?

2. 鱼片、鸡片怎样滑油才能滑嫩?

第五章 实习课题——炸

第一节 清炸

清炸菊花肫

一、清炸菊花肫是陕西的传统菜肴,选用新鲜的鸭肫,剞上菊花花刀,经腌渍后清炸,成品色泽红亮,形似菊花,脆嫩鲜香,清香爽口。
二、烹调方法:清炸。
三、味型特点:咸香。
四、原料:
主料:鸭肫 300g。
调料:精盐 1g,黄酒 10g,葱、姜各 10g,花椒盐 10g。
辅佐料:色拉油 500g(实耗 50g)。
五、工艺流程:
鸭肫初加工→剞花刀→腌渍→清炸→装盘。
六、制作过程:
1. 加工过程
(1)鸭肫剔去筋膜,冲洗干净,先用刀剞成菊花花刀,再切成两半;葱切段;姜切片。
(2)将剞好的鸭肫放入盛器中,加入精盐、黄酒、葱段、姜片拌匀,腌渍20分钟。
2. 烹调过程
净锅置火上,加入色拉油,旺火烧至210℃左右时,将腌渍好的鸭肫(拣去葱、姜,用净布吸干水分)投入油锅中炸制,并用手勺不断推动,待炸至鸭肫曲卷呈菊花状成熟时,倒入漏勺沥油。
3. 盛装方法
将清炸菊花肫盛装在10寸圆盘中,用香菜点缀,配上花椒盐小碟即成。
七、菜肴特点:
色泽红亮,形似菊花,脆嫩鲜香,清香爽口。
八、操作关键:
1. 鸭肫的筋膜一定要剔净。
2. 剞花刀时粗细、深浅要一致,以利成型美观。
3. 炸制时火要旺,油要热,速度要块,否则质地不嫩。

九、相关菜肴分析：

根据此菜的烹调方法,可制作清炸虾爬子、清炸大肠等菜肴。

十、思考题：

1. 鸭肫的质地特点是什么？

2. 用鸭肫还能制作哪些菜肴？

清 炸 核 桃 腰

一、清炸核桃腰是陕西的传统菜肴,是在猪腰子的光面剞上十字花刀,经腌渍、炸制后成为核桃形状而取名。

二、烹调方法：清炸。

三、味型特点：咸香微麻。

四、原料：

主料：猪腰子 300g。

调料：黄酒 5g, 精盐 2g, 葱 5g, 姜 5g, 味精 2g, 花椒盐 5g。

辅佐料：色拉油 500g（实耗 40g）。

五、工艺流程：

原料初加工→剞十字花刀→腌渍→清炸→装盘。

六、制作过程：

1. 加工过程

（1）将腰子撕去外膜,从中剖两半,片去腰臊,在光面剞十字花刀,然后再切成 3cm 见方的块；葱切段；姜切片。

（2）将剞好花刀的腰块放入碗中,加入葱段、姜片、黄酒、精盐抓拌均匀,腌渍 10 分钟,沥去水分,拣去葱、姜,用净布吸去水分。

2. 烹调过程

净锅置火上,添入色拉油,烧至 210℃ 左右时,将腰块抖散下入油锅中,炸至腰块卷缩捞出,待油温升到 240℃ 左右时将腰块复炸,炸至金黄皮脆时捞出即成。

3. 盛装方法

将清炸核桃腰盛装在 10 寸圆盘中,用黄瓜片和香菜点缀,配上花椒盐小碟即成。

七、菜肴特点：

形似核桃,香酥肥嫩,椒麻咸鲜。

八、操作关键：

1. 改刀时必须在光面进行。

2. 腰子臊味较大,所以加工时一定要去净腰臊。

3. 炸制时油温要高,时间要短,才能酥脆嫩。

九、相关菜肴分析：

根据此菜的烹调方法,可制作清炸黄河刀鱼、清炸凤翅等菜肴。

十、思考题：

1. 清炸核桃腰和干炸核桃腰各有什么特点？

2. 用猪腰还能制作哪些菜肴？

第二节　干炸

干炸丸子

一、干炸丸子是在肉茸中加入油炸锅巴,经炸制而成,因而有干香、松脆的特点。

二、烹调方法:干炸。

三、味型特点:鲜咸干香。

四、原料:

主料:猪肉(肥四瘦六)500g。

配料:锅巴75g。

调料:黄酒35g,姜5g,味精1g,精盐10g,葱5g。

辅佐料:干淀粉25g,鸡蛋黄2个,色拉油1000g(实耗50g)。

五、工艺流程:

原料剁成茸→加入油炸锅巴末→调味→挤成丸子→炸制→装盘。

六、制作过程:

1. 加工过程

(1)葱切段,姜拍松,放入凉水碗中浸泡,制成葱姜水。

(2)将肥四瘦六的猪肉剁成茸,锅巴放入沸油中炸酥脆后,压碎,然后将肉茸、锅巴末拌匀,加入黄酒、精盐、味精、葱姜水、鸡蛋黄、干淀粉,搅拌上劲待用。

2. 烹调过程

炒锅置火上,加入色拉油,待油温烧至210℃左右时,将肉茸用手挤成小肉丸子放入油锅中,炸至外表结壳时捞出沥干油,然后复炸至金黄色酥脆时捞出。

3. 盛装方法

将炸好的丸子盛装在10寸圆盘中,用香菜、萝卜花点缀即成。

七、菜肴特点:

鲜咸干香,是佐酒佳肴。

八、操作关键:

1. 拌肉茸时,口味要淡一些。

2. 加葱姜水时要分数次加入(加葱姜末,成品上有黑点),打上劲。

3. 油炸时,正确掌握油温。

九、相关菜肴分析:

根据此菜的烹调方法,可制作干炸响铃、干炸豆腐丸子等菜肴。

十、思考题:

1. 干炸丸子加锅巴和蛋黄起什么作用?

2. 猪肉为什么要选肥四瘦六?

干 炸 鹌 鹑

一、干炸鹌鹑是将主料经腌制后采用干炸的技法制成。
二、烹调方法：干炸。
三、味型特点：咸香。
四、原料：
主料：鹌鹑4只。
调料：姜片10g,花椒2g,葱段10g,黄酒15g,酱油5g,精盐4g,胡椒粉1g,甜酱1碟(约15g)。
辅佐料：干淀粉50g,色拉油1000g(实耗100g)。
五、工艺流程：
原料初加工→剖开洗净→腌制→干炸→装盘。
六、制作过程：
1. 加工过程
(1)把鹌鹑褪毛洗净,从脊背剖开,取去内脏洗净沥干。
(2)将鹌鹑用姜片、花椒、葱段、黄酒、酱油、胡椒粉、精盐腌制1小时捞出,粘上干淀粉。
2. 烹调过程
炒锅置火上,加入色拉油,待油温烧至210℃左右时,下入腌制好的鹌鹑,炸至酥脆时捞出。
3. 盛装方法
将炸好的鹌鹑剁成块,摆成鹌鹑形盛装在10寸圆盘中,用香菜、萝卜花点缀,配上甜酱1碟即成。
七、菜肴特点：
鹌鹑色泽红亮,皮酥肉嫩,咸鲜干香,是佐酒佳肴。
八、操作关键：
1. 鹌鹑的初加工要干净。
2. 腌制时要腌1小时,使其入味。
九、相关菜肴分析：
根据此菜的烹调方法,可制作干炸里脊、干炸蟹枣等菜肴。
十、思考题：
1. 炸制时油温是多少摄氏度？
2. 为什么腌制的时间要到1小时？

第三节　软炸

软炸鸡柳

一、软炸鸡柳是陕菜,它是陕西厨师考级的菜肴之一。"软炸"是将质嫩形状小的原料先用调味品腌渍,再挂糊,投入120℃的油锅中炸至成菜的一种烹调方法。

二、烹调方法:软炸。

三、味型特点:咸鲜。

四、原料:

主料:生鸡脯肉200g。

配料:鸡蛋清2个。

调料:花椒盐10g,番茄酱30g,葱5g,姜2g,精盐4g,黄酒20g,味精0.5g,绵白糖5g。

辅佐料:干淀粉75g,高汤10g,色拉油2500g(实耗150g)。

五、工艺流程:

原料改刀成片→腌渍→拍粉→挂蛋清糊→炸制→装盘→配花椒盐和番茄酱碟。

六、制作过程:

1. 加工过程

（1）将鸡脯肉片成4cm长、2cm宽的片放盘中,加入葱、姜、精盐、味精、黄酒,拌均匀腌渍入味。

（2）将鸡蛋清打成半发的蛋泡,加入干淀粉搅拌成蛋清糊;生菜心洗净,放入盘子周围;番茄酱加绵白糖,加高汤10g,炒匀,放小碟内。

2. 烹调过程

炒锅置旺火上,加入色拉油烧至120℃左右时,锅端离火,将鸡片拍粉,挂蛋清糊,一片一片投入油中,全部投完后,锅端火上,用手勺搅动,炸至淡黄色时捞出。待油温升高到150℃左右时,复炸至金黄色,捞出沥油即成。

3. 盛装方法

盛装在10寸圆盘中,整齐地放在生菜中间,同番茄酱、花椒盐一起上桌,用萝卜花点缀即成。

七、菜肴特点:

色泽微黄,外松里嫩,口味鲜香。

八、操作关键:

1. 要掌握好两次炸制时油的油温。

2. 制糊时要将蛋清打成半发,否则成品达不到外松软的要求。

九、相关菜肴分析:

根据此菜的烹调方法,可制作软炸腰花、软炸里脊等菜肴。

十、思考题：
1. 制蛋泡糊时为什么将鸡蛋清打成半发的蛋清糊？
2. 两次炸制时油温各是多少度？

软炸口蘑

一、软炸口蘑是川菜的传统菜肴。软炸口蘑是将口蘑挂蛋清糊后，下入120℃的油锅中慢慢炸制而成。

二、烹调方法：软炸。

三、味型特点：咸香味。

四、原料：

主料：新鲜口蘑300g。

调料：精盐3g，味精1g，黄酒15g。

辅佐料：鸡蛋清25g，干淀粉25g，面粉5g，高汤500g，色拉油500g(实耗50g)。

五、工艺流程：

原料初加工→余制→挂蛋清糊→炸制→装盘。

六、制作过程：

1. 加工过程

(1)将新鲜口蘑去根，洗净泥沙。

(2)将蛋清、干淀粉、面粉放入碗中用筷子打均匀，使其成糊，即为软炸糊。

(3)将洗净的口蘑放入高汤锅中余两次，捞出沥干水分，用黄酒、精盐、味精搅拌均匀，腌20分钟，挂上蛋清糊。

2. 烹调过程

锅中加入色拉油，烧至120℃，将挂过糊的口蘑逐个下入油锅中，炸成淡黄色捞出即成。

3. 盛装方法

将炸好的口蘑放在8寸圆盘中，用香菜和红樱桃围边，配上花椒盐碟即成。

七、菜肴特点：

外酥里嫩，色泽浅黄，味咸香。

八、操作关键：

1. 选用大小均匀的新鲜口蘑。

2. 软炸糊的调制要均匀。

九、相关菜肴分析：

根据此菜的烹调方法，可制作软炸海参、软炸平菇、软炸虾段等菜肴。

十、思考题：

1. 调糊时有何具体要求？

2. 软炸的油温是多少摄氏度？

第四节　酥炸

酥炸春花肉

一、酥炸春花肉是山东的传统名菜,是以猪里脊丝配以荠菜、冬笋、香菇炒熟,用鸡蛋皮包好,裹上发粉糊炸制而成。

二、烹调方法:酥炸。

三、味型特点:咸鲜微麻。

四、原料:

主料:猪里脊肉200g。

配料:荠菜20g,冬笋20g,水发香菇15g,水发木耳10g,面粉50g,鸡蛋3个。

调料:酱油20g,精盐3g,味精2g,葱、姜各6g,黄酒2g,花椒盐5g,香油6g。

辅佐料:清汤50g,湿淀粉10g,发酵粉20g,色拉油750g(实耗50g)。

五、工艺流程:

原料切丝→炒制→摊蛋皮→制卷→制发粉糊→挂糊→炸制→装盘。

六、制作过程:

1. 加工过程

(1)将荠菜洗净,切成3厘米长的段;冬笋、香菇、木耳切成丝;葱、姜切成丝;里脊肉切成7cm长的细丝。

(2)将鸡蛋磕入碗内,加入精盐1g、湿淀粉5g搅匀,在锅中摊成3张大蛋皮,每张蛋皮切成相等的6块,共计18块蛋皮。

(3)将面粉中加入发酵粉、色拉油5g,加水调成发粉糊(糊制好后要静置20分钟再用来挂糊)。

2. 烹调过程

(1)炒锅置火上,加入底油25g,烧热后放入葱姜丝煸出香味,下入肉丝,炒散,加入冬笋丝、香菇丝、木耳丝、荠菜段,加入精盐、黄酒、酱油、味精、清汤,烧开后用湿淀粉勾芡,淋入香油出锅为馅。

(2)将炒好的馅分别放在18张蛋皮上,逐个卷成食指粗的卷,用蛋液粘住口。

(3)炒锅置旺火上,下入色拉油烧至240℃左右时,将蛋卷逐个挂上发粉糊下锅炸,呈金黄色时捞出。

3. 盛装方法

将炸好的酥炸春花肉整齐地摆在8寸鱼盘中,用香菜和萝卜花点缀,配花椒盐小碟即成。

七、菜肴特点:

色泽金黄,香味浓郁,外酥里嫩,咸鲜微麻。

八、操作关键:

1. 摊蛋皮时,炒锅要干净,先滑锅,炒锅中不能留余油,最好用内带肥膘的肉皮擦锅。

2. 制馅时汤不能加多。

3. 炸制时油温要高,时间要短,菜肴才能外酥里嫩。

九、相关菜肴分析:

根据此菜的烹调方法,可制作炸猪排、炸虾排等菜肴。

十、思考题:

1. 用泡打粉制发粉糊时,糊制好后为什么要饧20分钟?

2. 为什么炸制时油温要高,时间要短?

酥炸虾段

一、酥炸虾段是选用酥炸的技法和主料来命名的。

二、烹调方法:酥炸。

三、味型特点:咸鲜味。

四、原料:

主料:大虾仁300g。

调料:精盐2g,味精3g,葱、姜各5g,花椒盐15g,黄酒15g。

辅佐料:干淀粉100g,鸡蛋2个,色拉油1500g(实耗100g)。

五、工艺流程:

虾仁洗净→改刀→腌渍→拖蛋拍粉→酥炸→装盘。

六、制作过程:

1. 加工过程

(1)葱切段;姜切片;鸡蛋磕入碗中打散。

(2)将大虾仁洗干净,沥干水分,斜刀片成两段,放入碗中,加入黄酒、精盐、葱段、姜片腌渍20分钟,拣去葱、姜,沥干水分,加入鸡蛋液拌均匀。

2. 烹调过程

锅置火上,加入色拉油,烧至180℃左右时,将挂过鸡蛋液的虾仁段,拍上干淀粉,下入油锅中炸,呈金黄色时捞出即可。

3. 盛装方法

将酥炸虾段盛装在8寸圆盘中,用香菜、萝卜花点缀,配花椒盐小碟即成。

七、菜肴特点:

虾段色泽金黄,外酥里嫩,咸鲜适口。

八、操作关键:

1. 要选用新鲜的大虾仁。

2. 调味要一次定准。

3. 炸制时油温要高。

九、相关菜肴分析:

根据此菜的烹调方法,可制作酥炸软壳蟹、酥炸灌汤龙虾球等菜肴。

十、思考题:

1. 此菜在选料时有什么要求？
2. 炸制时油温要多少摄氏度？

第五节 纸包炸

纸 包 鸡

一、纸包鸡是广西梧州独特的风味菜肴，属"纸包炸法"。该菜是以新鲜嫩鸡脯肉为主料，经改刀、腌制，然后用糯米纸或玻璃纸包严炸制而成。

二、烹调方法：纸包炸。

三、味型特点：鲜香。

四、原料：

主料：鸡脯肉200g。

配料：糯米纸或玻璃纸24小张，火腿肠200g，水发香菇10g。

调料：葱1g，姜5g，香油5g，精盐3g，黄酒5g，酱油4g，味精2g，胡椒粉1g。

辅佐料：鸡蛋清1个，色拉油1000g（实耗100g）。

五、工艺流程：

原料改刀→腌制→用纸包鸡肉→浸炸→装盘。

六、制作过程：

1. 加工过程

（1）将鸡脯肉改成长5cm、宽3cm、厚0.3cm的片；葱、姜、香菇切成米；火腿肠改成与鸡片同样大小的片。

（2）将鸡片、葱、姜、香菇同放一小盆里，加入调味料，搅拌均匀，腌制10分钟，拌入蛋清后，逐个用玻璃纸或糯米纸包成长方形（用糯米纸包时，要用蛋液封口）。

2. 烹调过程

净锅置火上，加入色拉油烧至150℃左右时，下入"纸包鸡"，用中火浸炸至熟时捞出装盘即成。

3. 盛装方法

将纸包鸡卷盛装在8寸圆盘中，用香菜、萝卜花点缀即可。吃时，由食者将玻璃纸拆开（糯米纸包法不用拆纸）。

七、菜肴特点：

色泽微黄，鲜香味浓，滑嫩适口，别有风味。

八、操作关键：

1. 鸡片在腌制时，味要一次定准，味不能太重。
2. 用糯米纸包时，纸不能见水，否则容易散烂，影响风味。
3. 炸制时油的温度不能高，炸的时间不能长，以刚熟时捞出最好。

九、相关菜肴分析：

根据此菜的烹调方法,可制作纸包鱼、纸包虾片等菜肴。

十、思考题:

1. 为什么纸包鸡的调味要一次调准?味不能重?
2. 炸制时油的温度是多少摄氏度?

纸包海鲜卷

一、纸包海鲜卷是粤菜的代表菜肴,是将几种海鲜原料经加工、调味后用玻璃纸或糯米纸包好,经炸制而得名。

二、烹调方法:纸包炸。

三、味型特点:咸鲜味。

四、原料:

主料:腌虾仁 100g,腌带子 100g,蟹柳肉 100g。

配料:鲜冬笋 100g,水发香菇 50g,韭黄 50g,香菜 25g。

调料:精盐 4g,味精 4g,沙律酱 120g。

辅佐料:色拉油 1000g(约耗 100g),面包糠 100g,糯米纸 12 张。

五、工艺流程:

原料腌制→制馅→纸包→炸制→装盘。

六、制作过程:

1. 加工过程

(1)将冬笋切丝、香菇切丝用高汤加精盐煮 2 分钟捞出,沥干水分;韭菜切段;香菜切段。

(2)将腌虾仁、腌带子和蟹柳片用沸水余一下捞出,吸干水分。

(3)将冬笋丝、香菇丝、韭黄段、香菜段、虾仁、带子、蟹柳片加入精盐、味精、沙律酱拌匀,分成 12 份,用糯米纸包成约 8cm 长、3cm 宽的长方形卷,用蛋液糊口。

(4)将包好的海鲜卷放入蛋液中拖过,粘上面包糠待用。

2. 烹调过程

炒锅置火上,加入色拉油,烧至 150℃时,将海鲜卷逐个下入油锅中,炸至金黄色时捞出。

3. 盛装方法

将海鲜卷盛装在铺有花纸的木盒中,周围点缀鲜花、小伞,配上卡夫奇妙酱即成。

七、菜肴特点:

色泽金黄,外酥里嫩。

八、操作关键:

1. 一定要选新鲜原料。
2. 用糯米纸包裹原料时形状大小要一致。
3. 用中火一次炸成。

九、相关菜肴分析:

根据此菜的烹调方法,可制作炸春卷、网油腰卷等菜肴。

十、思考题:

1. 为什么用糯米纸包裹原料时纸不能湿?
2. 为什么要用中火一次炸成。

注:腌虾仁方法是将鲜虾仁 500g,洗净后吸干水分,加入精盐 5g、味精 4g、小苏打 3g、鸡蛋清 20g,拌匀放入冰箱里冷藏 1.5 小时即可;腌带子的方法相同。

第六节　香炸

香炸卤肉

一、香炸卤肉是将卤熟的五花肉切片,挂糊后,采用香炸的技法制成。
二、烹调方法:香炸。
三、味型特点:咸香味。
四、原料:
主料:卤熟五花肉 200g。
配料:生花生米 100g。
调料:精盐 5g,味精 3g。
辅佐料:色拉油 700g(实耗 50g),干淀粉 25g,鸡蛋 2 个。
五、工艺流程:
卤肉切厚片→挂糊→粘上花生米粒→炸制→装盘。
六、制作过程:
1. 加工过程
(1)将熟五花卤肉切成长 4cm、宽 2.5cm、厚 0.4cm 的厚片;花生米去皮,剁成绿豆大小的粒。
(2)鸡蛋磕入碗中,加入精盐、味精、淀粉调成糊,下入切成片的卤肉挂糊,然后每片卤肉上粘上花生米粒,压实待用。
2. 烹调过程
锅中加入色拉油,烧至 240℃左右时,下入卤肉炸,待色泽金黄时捞出沥干油。
3. 盛装方法
将香炸卤肉盛装在 10 寸圆盘中,用香菜、红樱桃点缀即成。
七、菜肴特点:
色泽金黄,外酥里嫩,咸香适口。
八、操作关键:
1. 卤肉不可卤得太酥烂。
2. 卤肉不可味太咸。
3. 炸制时应用高油温、短时间炸制。
九、相关菜肴分析:
根据此菜的烹调方法,可制作香炸排骨、香炸云雾等菜肴。

十、思考题:
1. 为什么卤肉不可卤得太酥烂?
2. 炸制时高油温是指多少摄氏度?

香 炸 蒜 香 排 骨

一、香炸蒜香排骨是粤菜的传统菜肴,用多量的蒜片腌渍猪小排,用香炸的技法制成。

二、烹调方法:香炸。

三、味型特点:蒜香味。

四、原料:

主料:净猪小排500g。

调料:蒜片15g,姜片8g,葱片10g,八角6粒,花椒粒5g,五香粉10g,黄酒15g,精盐4g,味精3g。

辅佐料:吉士粉10g,色拉油1000g(实耗50g)。

五、工艺流程:

猪小排剁段→腌渍→炸制→装盘。

六、制作过程:

1. 加工过程

(1)将猪小排洗干净,剁成7cm长的段。

(2)将剁好的猪小排放入盆中,加入蒜片、姜片、葱片、八角、花椒粒、五香粉、黄酒、精盐、味精、吉士粉拌匀,腌渍1小时。

2. 烹调过程

炒锅置火上,加入色拉油,旺火烧至150℃时,下入腌好的排骨炸熟,捞出,油温升到240℃时,下入排骨复炸,炸成枣红色时捞出装盘。

3. 盛装方法

将香炸蒜香排骨盛装在10寸鱼盘中,用鲜花和香菜点缀即成。

七、菜肴特点:

色泽枣红,干香味浓,突出蒜香。

八、操作关键:

1. 应选用新鲜肉多的猪小排。

2. 在剁排骨时,长短一致。

3. 在腌排骨时,味一定要定准,不能太咸,并要腌渍入味。

4. 炸制时,第一次炸制要炸熟,复炸时油温要高。

九、相关菜肴分析:

根据此菜的烹调方法,可制作香炸琵琶虾、香炸银鱼等菜肴。

十、思考题:

1. 排骨第一遍炸制时应炸至什么程度?

2. 怎样才能突出蒜香味?

第七节 油浸

油浸鸡

一、油浸鸡是浙江的代表菜肴，选用当年的仔鸡或肉鸡，经初加工、腌渍后，将鸡下入热油瓦煲里，加盖油浸成熟。

二、烹调方法：油浸。

三、味型特点：咸香味。

四、原料：

主料：嫩白条鸡 1 只(约 700g)。

配料：干葱头 160g。

调料：姜汁 8g，八角 1 粒，蜂蜜 16g，味精 2g，黄酒 10g，精盐 4g。

辅佐料：色拉油 1500 g(约耗 1000g)。

五、工艺流程：

嫩白条鸡洗净→腌渍→缝口→涂蜂蜜→油浸→改刀→装盘。

六、制作过程：

1. 加工过程

(1)将嫩白条鸡洗干净，用洁净的毛巾把嫩白条鸡吸干水分，在鸡膛内涂上精盐、味精，把切碎的葱头 120g 和姜汁、黄酒、八角一起放入鸡膛内，用竹签把膛口缝上。

(2)用蜂蜜加等量温水稀释后涂于鸡皮上。

2. 烹调过程

炒锅置火上，加入色拉油，下入葱段，旺火烧至 200℃左右时，将热油倒进瓦煲里，将涂过蜂蜜的鸡，下入瓦煲里加盖，浸 7 分钟，把鸡反转再浸 8 分钟；取出斩成块装盘。

3. 盛装方法

将油浸鸡，改刀盛装在 10 寸圆盘中拼成整鸡状，用鲜花和香菜点缀即成。

七、菜肴特点：

色泽红亮，油而不腻，咸香适口。

八、操作关键：

1. 应选用新鲜的肉鸡或仔鸡。

2. 初加工要干净，腌渍味要一次定准。

3. 油浸鸡时要加盖。

九、相关菜肴分析：

根据此菜的烹调方法，可制作油浸碟鱼、油浸鲜蘑等菜肴。

十、思考题：

1. 鸡腌制好后为什么要涂抹蜂蜜？

2. 油浸鸡时为什么要加盖?

油 浸 鳜 鱼

一、油浸鳜鱼是在古代"油鳜鱼"的基础上逐渐发展而成的。油浸方法,只用油,不用火,不用水,用温油,鱼浸在油中逐渐成熟,不失水分,不变颜色,上桌配以姜丝、柠檬,别有风味。

二、烹调方法:油浸。

三、味型特点:咸中带酸。

四、原料:

主料:新鲜鳜鱼 1 尾(约 750g)。

调料:黄酒 10g,绵白糖 5g,香油 30g,辣椒油 25g,葱、姜丝各 5g,精盐 4g,味精 2g,鲜柠檬 2 个。

辅佐料:色拉油 1000g(实耗 50g)。

五、工艺流程:

原料初加工→下入鳜鱼→油浸→装盘→烹汁→浇汁。

六、制作过程:

1. 加工过程

将新鲜鳜鱼去鳞、鳃,从鱼口中插入两根竹筷,取出内脏,洗净;葱、姜切丝。

2. 烹调过程

(1)炒锅置火上,加入色拉油,烧至 120℃左右时,下入鳜鱼,用小火保持油温和火候,油浸 10 分钟,用筷子在鱼背脊处扎一下,见没有血水即可捞出装盘。

(2)炒锅置火上,放入辣椒油、黄酒、绵白糖、柠檬汁、精盐、味精烧开,浇在鱼身上,将葱、姜丝放在鳜鱼身上。

(3)锅中加入色拉油 50g,烧热浇在鱼身上即可。

3. 盛装方法

将油浸鳜鱼盛装在 10 寸鱼盘中,用香菜、红樱桃点缀即成。

七、菜肴特点:

鱼肉鲜嫩,咸中带酸,美味可口。

八、操作关键:

1. 应根据鱼的大小掌握油温和时间。

2. 应选用新鲜鳜鱼。

3. 应用小火。

九、相关菜肴分析:

根据此菜的烹调方法,可制作油浸绣球鲜贝、油浸鳗鱼等菜肴。

十、思考题:

1. 油浸时,油温过高、火候较大对菜肴有何影响?

2. 此菜同"油浸鸡"相比,有何相同和不同?

第八节 脆炸

脆皮炸鲜奶

一、脆皮炸鲜奶是粤菜的传统菜肴,是将鲜奶熬成稠糊凝固,切条,挂上脆浆炸制而成。

二、烹调方法:脆炸。

三、味型特点:香甜微咸。

四、原料:

主料:鲜牛奶1盒,三花淡奶1盒,椰浆1盒。

调料:精盐5g,绵白糖20g,卡夫奇妙酱20g。

辅佐料:吉士粉100g,水600g,面粉150g,鹰粟粉100g,干淀粉150g,泡打粉20g,色拉油1000g(约耗100g)。

五、工艺流程:

将制好的鲜奶切条→拍粉→挂糊→炸制→装盘。

六、制作过程:

1. 加工过程

(1)将鲜牛奶、三花淡奶、椰浆、吉士粉,同放在沙锅内用中火烧开,再把鹰粟粉用水调成稀糊,倒入锅中,用手勺不断搅拌,并用小火煮成浓糊状,待起劲时,倒入已抹油的平方盘中,晾凉至硬时,切成2cm宽、2cm厚、5cm长的条(切条时刀上抹上油)。

(2)将面粉、干淀粉、精盐、色拉油、清水、泡打粉调制成脆浆(糊制好后静置15分钟后即可用)。

2. 烹调过程

将切好的奶条,拍上干淀粉,挂脆浆糊,下入180℃左右的油锅中浸炸,炸至涨发、松脆、色金黄时捞出,滤去油,排在盘中即成。

3. 盛装方法

将脆皮鲜奶放在吸油的花纸上,放在10寸鱼盘中,用鲜花点缀,配上绵白糖小碟或卡夫奇妙酱小碟即成。

七、菜肴特点:

色泽金黄,外形圆滑,外松脆、内软滑香甜。

八、操作关键:

1. 熬制鲜奶时,使用小火使淀粉成熟,不能熬得煳锅,否则会影响口感。

2. 掌握好脆浆的调制方法。

3. 炸制时要掌握好原料下锅的油温及方法。

九、相关菜肴分析:

根据此菜的烹调方法,可制作脆皮炸蟹柳、脆炸鳝球等菜肴。

十、思考题：

1. 怎样炸制脆皮鲜奶才能达到质量要求？
2. 脆浆炸应该掌握哪些关键？

脆 皮 炸 蟹 钳

一、脆皮炸蟹钳是一款造型菜。该菜以蟹肉为主料，加虾酿子拌匀，做成蟹钳状，蒸熟后，挂上脆皮糊炸制而成。

二、烹调方法：脆炸。

三、味型特点：咸香。

四、原料：

主料：肉蟹 6 只（约 300g）。

配料：虾茸 100g。

调料：面粉 150g，精盐 5g，番茄沙司 30g。

辅佐料：萝卜花 1 朵，干淀粉 150g，清水 600g，泡打粉 20g，色拉油 1000g（约耗 50g）。

五、工艺流程：

蟹肉、虾茸拌匀→做蟹钳状→蒸制→挂糊→炸制→装盘。

六、制作过程：

1. 加工过程

（1）将面粉、干淀粉、精盐、色拉油、清水、泡打粉调制成脆浆（糊制好后静置 15 分钟即可用）。

（2）将肉蟹宰杀，取蟹螯用沸水氽 10 分钟至刚熟，取其蟹前节，用刀轻拍蟹钳壳拆出肉，留下蟹壳末端及钳内扇骨。

（3）将虾茸同蟹肉拌匀，抹在扇骨上（每只约 15g）成蟹钳状，摆在盘中，上笼用旺火蒸 3 分钟至熟，取出待用。

2. 烹调过程

净锅置火上，加入色拉油烧至 180℃左右时，将锅离火，手持蟹钳壳末端，粘上脆浆逐个垂直放入油中，然后上火炸至浅黄色、酥脆时捞出。

3. 盛装方法：

将炸蟹钳放在 10 寸圆盘里，摆成圆形，中间用萝卜花点缀，配番茄沙司上桌蘸食。

七、菜肴特点：

色泽金黄，外酥脆，里鲜嫩。

八、操作关键：

1. 煮蟹时水不能大开，一定要煮熟，否则肉不易拆下。
2. 拆肉时要小心，不能拍碎蟹壳末端。
3. 拌馅时味不能咸。
4. 烹调时，糊要挂均匀，炸时火候要掌握好。

九、相关菜肴分析：

根据此菜的烹调方法,可制作脆炸网油卷、脆炸鸡翅等菜肴。

十、思考题:

1. 为什么糊制好后静置15分钟才能用?
2. 炸时油温要掌握在多少摄氏度?

第九节　油淋

油泼银芽

一、绿豆芽又称银芽、豆挺。油泼是将烧热的油泼洒在原料上,用其热量烫熟原料的一种炸法,如油泼银芽、油泼鸡等。泼炸菜肴的方法是将原料装在漏勺内,一手持手勺,一手持漏勺,在油锅上舀泼原料。特点是色泽好、原料鲜嫩,泼油一般都用高油温,趁热浇洒,原料以断生为好。

二、烹调方法:油淋。

三、味型特点:咸鲜脆爽。

四、原料:

主料:绿豆芽500g。

调料:精盐5g,味精5g,香油3g。

辅佐料:色拉油750g。

五、工艺流程:

原料掐去两头→洗干净→装入漏勺→油淋→沥油→装盘→调味拌匀即成。

六、制作过程:

1. 加工过程

将绿豆芽的两头掐去,洗净,沥干水分待用。

2. 烹调过程

炒锅置旺火上,加入色拉油,烧至270℃左右时,将豆芽放漏勺内,用手勺舀油泼洒在豆芽上,反复泼油四五次,见豆芽全部断生,控净油,装入盘中,撒上精盐、味精、香油拌匀即成。

3. 盛装方法

将拌均匀的银芽盛装在10寸圆盘中,用香菜、红樱桃点缀即成。

七、菜肴特点:

鲜嫩脆爽,色泽洁白。

八、操作关键:

1. 选用新鲜、色白、粗壮的银芽。
2. 银芽加工要干净。
3. 要用热油快速泼洒,使其成熟。

九、相关菜肴分析:

根据此菜的烹调方法,可制作油淋生菜、油泼鸡等菜肴。

十、思考题:

1. 用油泼法还能制做哪些菜肴?
2. 为什么油泼用的油温要高?

油 淋 乳 鸽

一、油淋乳鸽,是选用乳鸽用油淋的技法制成。

二、烹调方法:油淋。

三、味型特点:香咸。

四、原料:

主料:乳鸽 2 只(约 750g)。

调料:酱油 15g,花椒盐 50g,辣椒油 15g,甜面酱 15g,黄酒 20g,葱段 10g,姜片 10g,香油 15g。

辅佐料:色拉油 1500g(实耗 100g),香菜 20g。

五、工艺流程:

乳鸽去内脏→洗净腌渍→外皮抹上酱油→入锅煎炸→复炸→改刀装盘。

六、制作过程:

1. 加工过程

将乳鸽褪净毛,洗干净从脊背剖开,去内脏冲洗干净,用花椒盐、葱段、姜片、黄酒腌渍 2 小时左右,洗净花椒盐,晾干,把酱油均匀抹在乳鸽皮上。

2. 烹调过程

(1)炒锅置火上,加入色拉油烧至 210℃左右时,投入乳鸽,移至小火将乳鸽炸熟,捞起。

(2)炒锅置旺火上,待油温升至 240℃左右时,放入乳鸽炸至外皮金黄,捞起沥油。

3. 盛装方法

将油淋乳鸽改刀盛装在 10 寸鱼盘中,摆成乳鸽形,淋上香油,用香菜放在盘边点缀,配辣椒油、甜面酱各一小碟蘸食。

七、菜肴特点:

色泽金黄,皮香脆,肉细嫩。

八、操作关键:

1. 宜选用当年乳鸽制作。
2. 油炸时应用小火炸透,再重油使外皮香脆。

九、相关菜肴分析:

根据此菜的烹调方法,可制作油淋仔鸡、油淋牛百页等菜肴。

十、思考题:

1. 油淋乳鸽和香酥鸡在配料上和油炸时有何不同?
2. 油淋在选料上有何要求?

第十节 松炸

高丽豆沙

一、高丽豆沙是一道甜菜,是将甜豆沙馅挤成小丸子,挂上高丽糊(蛋泡糊)松炸而成。

二、烹调方法:松炸。

三、味型特点:甜香。

四、原料:

主料:豆沙馅 3000g。

调料:绵白糖 10g。

辅佐料:鸡蛋清 4 个,干淀粉 20g,面粉 40g,色拉油 2000g(实耗 100g)。

五、工艺流程:

豆沙馅→挤成丸子→拍干粉→挂上蛋泡糊→松炸→装盘。

六、制作过程:

1. 加工过程

(1)将豆沙馅搓成直径为 1.5cm 大小的丸子,拍上面粉。

(2)将四个鸡蛋清放入鱼盘中,用筷子向一个方向搅打,使其成为蛋泡,加入面粉和干淀粉,搅均匀即成蛋泡糊。

2. 烹调过程

锅中加入色拉油,烧至 90℃ 左右时,将拍过面粉的豆沙馅丸子挂上蛋泡糊,下入油锅中,不断淋油,翻动,使其受热均匀,炸至色泽洁白、定型时,捞出沥油即成。

3. 盛装方法

将炸好的高丽豆沙盛装在 10 寸圆盘中,撒上绵白糖,用香菜、红樱桃点缀即成。

七、菜肴特点:

色泽洁白,饱满松散,绵软甜香。

八、操作关键:

1. 蛋泡糊制好后速用。

2. 炸制的油要干净白亮,油温不能高。

3. 豆沙馅太软时,可加入熟面粉拌均匀。

九、相关菜肴分析:

根据此菜的烹调方法,可制作松炸鱼卷、松炸虾托等菜肴。

十、思考题:

1. 蛋泡糊中为什么要加入干面粉和淀粉?

2. 搅打蛋泡糊时,向多个方向搅打能打起蛋泡糊吗?

红棉虾桃

一、红棉虾桃是陕西一道创新菜肴,因其外形像棉桃又有火红的色泽,故取此名,是一道质、味、色、形俱佳的菜肴。

二、烹调方法:松炸。

三、味型特点：甜酸微咸。

四、原料：

主料：大虾12只。

配料：鸡脯肉150g，冬笋10g，蘑菇5g，香菇10g，火腿肠10g。

调料：黄酒25g，精盐5g，番茄酱25g，绵白糖50g，葱米3g，姜米3g，白醋3g，葱姜水5g。

辅佐料：鸡蛋4个，干粉面200g，色拉油750g，湿淀粉30g。

五、工艺流程：

大虾改刀→制生坯→挂蛋泡糊→炸制→浇汁→装盘。

六、制作过程：

1. 加工过程

(1)将大虾去头，剥壳留尾，成为凤尾虾状，从腹部剖开，去掉沙肠，斩断虾肉纤维，用黄酒和精盐腌渍，使其入味。

(2)鸡脯肉切成片放在清水中漂去血色素，挤去水分，剁成茸，加入黄酒、味精、葱姜水、湿淀粉、蛋清一起搅拌成鸡茸。

(3)冬笋、香菇、火腿肠切成末，加热炒成不带卤汁的咸鲜味馅心。

(4)鸡蛋清搅打成蛋泡糊，加入干淀粉拌匀。

(5)将腌渍过的对虾在剖刀的一面拍上干淀粉，抹上一层鸡茸，中间放炒好的馅心，再覆盖一层鸡茸，卷成棉桃状，虾尾留出作棉桃的叶柄，拍上干淀粉，使其外形固定。

2. 烹调过程

(1)旺火热锅，加入色拉油，待油温升到120℃左右时，将虾桃生坯放入蛋泡糊中，除虾尾外，全部粘上蛋泡糊，下入油锅中用温油浸炸，使棉桃定型，色泽白中透有微黄，捞出。

(2)锅中放入底油20g，放入葱、姜末煸炒，下入番茄酱及少量的高汤，用中小火炒出番茄红油，加入黄酒、精盐、绵白糖、白面，下入炸好的棉桃，烧开，用湿淀粉勾芡，淋入明油即可。

3. 盛装方法

将红棉虾桃放在10寸圆盘中，用香菜点缀即可。

七、菜肴特点：

形似棉桃，质地软棉，咸鲜微酸甜，色泽红亮。

八、操作关键：

1. 应选用新鲜的大虾。

2. 除虾尾外，要全部挂上蛋泡糊。

3. 淀粉要糊化充分，才能达到明油亮芡。

九、相关菜肴分析：

根据此菜的烹调方法，可制作松炸鸡球、松炸鱼卷等菜肴。

十、思考题：

1. 用此方法还能做哪些菜肴？

2. 红棉虾桃下入油锅中用多少摄氏度的油温炸制？

第六章　实习课题——煎

第一节　干煎

干煎鱼

一、干煎鱼是北京名菜，是以鳜鱼为主料煎制而成，此菜是一道色、香、味、型俱佳的菜肴。

二、烹调方法：干煎。

三、味型特点：香糟味。

四、原料：

主料：鳜鱼1条(约重750g)。

调料：香糟酒8g，绵白糖1g，味精2g，精盐3g，蒜苗6g。

辅佐料：鸡蛋1个，面粉8g，色拉油100g(实耗45g)。

五、工艺流程：

鳜鱼洗净→剖切→腌渍→挂糊→对汁→煎制→装盘。

六、制作过程：

1. 加工过程

(1)将鳜鱼进行初加工，洗干净，在鱼身两侧剞上斜一字花刀，加入精盐和黄酒腌20分钟；蒜苗切成1cm长的段。

(2)将香糟酒、绵白糖、味精、蒜苗段一起放入碗里对成汁。

(3)将鸡蛋磕入另一碗中打散，再将腌过的鳜鱼先粘上一层面粉，再蘸上鸡蛋液。

2. 烹调过程

锅置火上烧热，滑锅，下入色拉油，烧至210℃左右时，放入鳜鱼，两面各煎至金黄色，沥出锅内的余油，移至旺火上，烹入调好的味汁，使鱼入味，翻身烧入味即可。

七、菜肴特点：

色泽金黄，鱼形完整，香糟味突出，肉质软嫩。

八、操作关键：

1. 煎鱼前要将炒锅洗净，烧热，滑锅，以免粘破鱼皮。

2. 应采用旺火、热油煎至鱼定型。

3. 小火煎透，大火烹汁。

九、相关菜肴分析：

根据此菜的烹调方法，可制作干煎鸡排、干煎肉饼等菜肴。

十、思考题:
1. 煎鱼时要注意哪几方面鱼形才能完整?
2. 鳜鱼的初加工方法与一般鱼有什么区别?

干煎虾碌

一、"虾碌"是粤语中的"虾段",就是将大虾切成二段或三段。干煎虾碌是在煎至近熟时,烹入调味浓汁,使成品更加鲜美味浓,芳香馥郁。

二、烹调方法:干煎。

三、味型特点:鲜香。

四、原料:

主料:大明虾 600g。

调料:茄汁 50g,喼汁 15g,香油 1g,精盐 5g,绵白糖 5g。

辅佐料:高汤 100g,色拉油 250g(实耗 100g)。

五、工艺流程:

原料切段→过油→煎虾两面→烹入芡汁→淋油→装盘。

六、制作过程:

1. 加工过程

(1)将大虾进行初加工,洗干净,将明虾切段(大虾切成三段,中虾切成二段)。

(2)将茄汁、喼汁、香油、精盐、绵白糖、高汤调成芡汁。

2. 烹调过程

净炒锅放在旺火上烧热,加入色拉油,烧至 150℃ 左右,下入虾段炸约 1 分钟,倒入漏勺沥去油。原锅放在火上,下虾段煎至两面熟,再将芡汁慢慢加入,至吸干水分时,淋明油炒匀即可。

3. 盛装方法

将干煎虾装在 10 寸圆盘中,拼摆成山形即成,用萝卜花、香菜叶点缀即成。

七、菜肴特点:

色泽红亮,虾肉鲜嫩,形状美观。

八、操作关键:

1. 选料要新鲜,改刀要均匀。

2. 要掌握好火候及调味的比例。

九、相关菜肴分析:

根据此菜的烹调方法,可制作干煎鱼饼、干煎花托等菜肴。

十、思考题:

1. 干煎有哪两种做法?

2. 此菜要求的火候如何?

第二节　软煎

软煎鸡饼

一、软煎鸡饼是陕西名菜,是以鸡脯肉为主料,配以菜心、水发香菇、冬笋等原料,经制酿、煎制等工序制作而成。

二、烹调方法:软煎。

三、味型特点:咸鲜。

四、原料:

主料:鸡脯肉 200g。

配料:冬笋 30g,水发香菇 30g,菜心 25g。

调料:黄酒 5g,精盐 4g,味精 2g,葱 25g,姜 25g,蒜 25g,白胡椒粉 1g。

辅佐料:鸡蛋清 4 个,高汤 50g,湿淀粉 25g,色拉油 150g。

五、工艺流程:

鸡脯肉→砸成鸡茸→制鸡酿子→挤成丸子→煎制→烧制→装盘。

六、制作过程:

1. 加工过程

（1）水发香菇切片;菜心从中剖开;冬笋切片;葱切马蹄形片;姜切片。

（2）取其中一半葱、姜,泡成葱姜水。

（3）将鸡脯肉剔去筋膜,砸成鸡茸,放在汤盆中,加入葱姜水搅均匀,加入黄酒、味精、湿淀粉、鸡蛋清、精盐顺一个方向搅打上劲成鸡茸。

2. 烹调过程

（1）将菜心、冬笋片、香菇片用沸水焯一下捞出。

（2）净锅置火上烧热,滑锅,加入色拉油离开火口,将鸡酿子用手挤成直经为 3cm 的丸子,将炒锅置火上,用手勺背蘸油将鸡丸子压成圆饼形,煎至硬皮后,翻身（但不能煎黄）,加入葱、姜,烹入黄酒、精盐、味精、高汤、白胡椒粉烧入味,下入冬笋片、香菇片、菜心,用湿淀粉勾芡,淋入明油即成。

3. 盛装方法

将软煎鸡饼盛装在 10 寸鱼盘中,用香菜、红樱桃点缀即成。

七、菜肴特点:

色泽白亮,软嫩滑爽,鲜香适口。

八、操作关键:

1. 制鸡茸时不宜太稀,否则不易成形。

2. 煎制时炒锅要烧热、滑锅。

3. 煎制时要掌握好火候,保持鸡饼形状完整,又不要使其上色。

九、相关菜肴分析:

根据此菜的烹调方法,可制作软煎虾饼、软煎猪排等菜肴。

十、思考题:
1. 在制鸡茸时为什么加入葱姜水而不加葱姜末？有什么不同？
2. 如何能保持鸡饼的完整？

岭 南 煎 酿 豆 腐

一、岭南煎酿豆腐是粤菜的传统菜肴,选用岭南的嫩豆腐镶入鱼肉茸和猪肉茸,采用软煎的技法制成。
二、烹调方法:软煎。
三、味型特点:咸鲜。
四、原料:
主料:嫩豆腐 150g。
配料:净鱼肉 100g,去皮猪肥瘦肉 100g。
调料:海米 25g,葱花 10g,精盐 4g,味精 3g,绵白糖 2g,老抽 1g,白胡椒粉 1g,香油 3g,黄酒 10g。
辅佐料:色拉油 100g,干淀粉 10g,鸡蛋 50g,湿淀粉 15g,高汤 100g,菜心 100g。
五、工艺流程:
豆腐改刀→上挖一方槽→镶入肉茸→软煎→装盘。
六、制作过程:
1. 加工过程
（1）将嫩豆腐改刀,成 3.5cm 长、2cm 宽、2cm 高的长方块,并在每块豆腐上挖一长方槽,撒上一层干淀粉。
（2）将鱼肉和猪肥瘦肉剁成泥,加精盐、味精、鸡蛋液、湿淀粉搅拌均匀至上劲。
（3）将鱼肉和猪肉泥酿入撒有干淀粉的豆腐槽中。
2. 烹调过程
（1）炒锅置火上,烧热滑锅,加入底油烧热,将酿好的豆腐逐块放入锅中,煎制成金黄色时取出。
（2）炒锅中放入摆放整齐的菜心垫底,摆上煎好的豆腐,加入高汤、精盐、绵白糖、黄酒、味精、白胡椒粉烧入味,用老抽调色,湿淀粉勾芡,淋入香油,撒上葱花和海米末即成。
3. 盛装方法
将岭南煎酿豆腐盛装在 10 寸圆盘中,用香菜、红樱桃点缀即成。
七、菜肴特点:
豆腐软嫩,肉馅鲜爽,口味鲜咸。
八、操作过程:
1. 豆腐较软易烂,制作时动作要轻。
2. 此菜要烧透,口感才好。
九、相关菜肴分析:
根据此菜的烹调方法,可制作软煎鱼排、软煎山药肉饼等菜肴。
十、思考题:
1. 此菜的制作关键是什么？
2. 酿豆腐时为什么要在豆腐槽中撒上干淀粉？

第七章　实习课题——贴

锅贴鱼片

一、锅贴鱼片是淮扬风味的传统菜肴之一。锅贴鱼片即用熟肥膘、鱼片、咸菜叶相叠，挂糊下油锅煎熟，成品咸、麻、鲜、香，脍炙人口。

二、烹调方法：锅贴。

三、味型特点：咸香鲜。

四、原料：

主料：青鱼净肉 250g。

配料：熟猪肥膘 125g，咸菜叶 10 张，米粉 10g，精盐 2g，味精 2g，葱椒盐 25g，黄酒 20g。

辅佐料：鸡蛋清 1 个，干淀粉 5g，色拉油 250g。

五、工艺流程：

原料改刀→制糊→制生坯→煎贴→装盘。

六、制作过程：

1. 加工过程

（1）将鱼肉片成 7cm 长、5cm 宽、0.3cm 厚的大片，置于碗中，加入黄酒、精盐、味精、干淀粉拌匀。

（2）熟肥膘肉片成鱼肉片大小的片；咸菜叶泡去部分咸味，用刀片去菜叶中间的主筋；另将一个鸡蛋清加入干淀粉、米粉、葱椒盐搅成蛋清糊。

（3）肥膘片铺平，涂上蛋清糊，放上鱼片，再涂上蛋清糊，盖上咸菜叶，四边修切整齐，挂上蛋清糊，撒上葱椒泥制成生坯。

2. 烹调过程

炒锅置火上烧热，放入油滑锅后，下入生坯，煎贴至肥膘肉面皮酥脆，鱼片成熟，起锅沥油，再改刀装盘。

3. 盛装方法

改刀后装在 10 寸圆盘中，摆放整齐，用黄瓜、红萝卜花点缀即成。

七、菜肴特点：

底面酥脆，表层松嫩，香鲜味美。

八、操作关键：

1. 肥膘肉片片时厚薄要一致。

2. 贴制时，肥膘肉面朝底，鱼片面要不停地用手勺将热油浇泼上去。

九、相关菜肴分析：

根据此菜的烹调方法，可制作锅贴长鱼、锅贴干贝等菜肴。

十、思考题：

1. 鱼片与肥膘肉脱离的原因是什么？
2. 为什么挂糊不宜太厚？

锅贴腰子

一、锅贴腰子是陕西的传统菜肴，选用鲜腰子、生肥瘦猪肉馅等原料贴制而成。

二、烹调方法：锅贴。

三、味型特点：咸香鲜。

四、原料：

主料：腰子150g。

配料：鸡脯肉100g，熟肥膘100g，生肥瘦猪肉50g，马蹄25g，青菜叶50g。

调料：精盐4g，黄酒2g，白胡椒粉2g，味精2g，葱姜泥5g。

辅佐料：色拉油200g，淀粉25g，鸡蛋清2个。

五、工艺流程：

腰子初加工→切丝→腌渍→加肉茸→制成生坯→贴制→装盘。

六、制作过程：

1. 加工过程

（1）将腰子撕去外层薄膜，从中剖开，片去腰臊，再片成0.2cm厚的片，顺长切成丝，加入精盐、黄酒、白胡椒粉，腌渍10分钟，用洁净布吸干水分待用。

（2）将鸡脯肉剁成茸，生猪肉剁成茸，加入调料制成酿子，再放入腰子丝搅匀；肥肉片成0.2cm厚的片；菜叶去柄后用沸水烫一下。

（3）将片好的熟肥肉片粘上干淀粉，平铺在菜墩上，抹上葱椒泥，铺上一层腰丝，上面铺上菜叶，然后用刀切成4cm长、2cm宽的块（连而不断）。

2. 烹调过程

锅置火上烧热，滑锅，加入底油，下入锅贴腰子，有肥肉片的一面向下，整齐地排入锅中，用小火煎至底面呈金黄色时即成。

3. 盛装方法

将锅贴腰子装在10寸圆盘中，摆放整齐，用黄瓜、萝卜花点缀即成。

七、菜肴特点：

色泽金黄，层次分明，底部金黄，软嫩鲜香。

八、操作关键：

1. 肥膘肉片片时厚薄要一致。
2. 贴制时，肥膘肉面朝底，要防止贴煎过程中肥肉片变形。
3. 贴制时，用中小火煎制。

九、相关菜肴分析：

根据此菜的烹调方法，可制作锅贴鸡片、锅贴虾仁等菜肴。

十、思考题：

1. 此菜在贴制时为什么要用中小火？
2. 为什么挂糊不宜太厚？

第八章　实习课题——烹

炸烹酥皮虾

一、炸烹酥皮虾是鲁菜的传统名菜,选用山东海产大虾,用炸烹的技法制成。
二、烹调方法:烹。
三、味型特点:咸鲜。
四、原料:
主料:带皮大虾500g。
调料:精盐5g,生抽3g,黄酒5g,黄醋2g,绵白糖3g,胡椒粉1g,味精2g,香油2g,葱3g,姜3g,干红椒2g,香菜3g。
辅佐料:高汤50g,干湿粉5g,色拉油1000g(实耗80g)。
五、工艺流程:
虾初加工→切段→腌渍→拍粉→调芡汁→炸制→烹汁→装盘。
六、制作过程:
1. 加工过程
(1)将虾初加工洗干净,斜刀切成三段,用黄酒、精盐拌均匀腌渍。
(2)葱、姜、干红椒切丝;香菜切成段。
(3)将腌渍好的虾段沥干水,拍上干淀粉。
(4)将精盐、黄酒、高汤、黄醋、绵白糖、胡椒粉、生抽、味精、香油放入碗中,调成芡汁。
2. 烹调过程
(1)炒锅置火上,加入色拉油,烧至210℃左右时,将拍过干淀粉的虾段分散下入炒锅中,炸至外皮焦脆时,捞出沥油。
(2)炒锅加入底油25g,下入葱丝、姜丝、干红椒丝煸出香味时,烹入对好的芡汁,烧开后,下入炸好的虾段,翻炒均匀,撒上香菜段拌匀即成。
3. 盛装方法
将烹制好的酥皮虾盛装在10寸鱼盘或圆盘中,用萝卜花和氽过水的西兰花点缀即成。
七、菜肴特点:
皮酥肉嫩,香气浓郁,味浓鲜美。
八、操作关键:
1. 选料要新鲜。
2. 拍过粉的虾段在下锅时应注意抖净干淀粉。
3. 芡汁量不能太大,味要浓厚。
九、相关菜肴分析:

根据此菜的烹调方法,可制作炸烹螃蟹、炸烹虾球等菜肴。

十、思考题:

1. 虾段在下锅时为什么要拍粉?拍干淀粉时应注意什么?

2. 调芡汁应注意什么?

醋 烹 黄 花 鱼

一、醋烹黄花鱼是山东的传统名菜,选用黄花鱼采用醋烹的技法烹制而成。

二、烹调方法:醋烹。

三、味型特点:咸鲜略有醋香味。

四、原料:

主料:黄花鱼1条(约重400 g)。

调料:葱、姜、蒜末各8g,黄醋40g,酱油20g,黄酒50g,精盐2g。

辅佐料:色拉油1000g(实耗70g),湿淀粉20g。

五、工艺流程:

黄花鱼初加工→剖花刀→腌渍→粘粉→炸制→醋烹→装盘。

六、制作过程:

1. 加工过程

(1)将鱼鳞除净,在鱼肛门处横切一小口,用筷子从口部两腮插入腹部拧出五脏,冲洗干净。

(2)将鱼两面每隔2cm剖上大翻刀(不要剖断)。

(3)用黄酒、精盐、酱油将鱼功赎罪腌制10分钟后,再粘上一层薄薄的淀粉。

2. 烹调过程

(1)炒锅置火上,放入色拉油,烧至210℃左右时放入腌制好的鱼,炸至金黄色时,捞出沥干油。

(2)炒锅内加入底油,旺火烧热,放入葱、姜、蒜末煸出香味,下入炸好的鱼,立即烹入黄醋、黄酒、酱油,颠翻均匀即成。

3. 盛装方法

将醋烹黄花鱼盛装在10寸的鱼盘中,用萝卜花和氽过水的西兰花点缀即成。

七、菜肴特点:

外焦里嫩,风味独特,略有醋香味。

八、操作关键:

1. 炸制时油温要高。

2. 烹入黄醋后速出锅。

九、相关菜肴分析:

根据此菜的烹调方法,可制作醋烹刀鱼、醋烹笋鸡等菜肴。

十、思考题:

1. 为什么烹入黄醋后要速出锅?

2. 黄鱼剖刀应注意什么?

第九章 实习课题——拔丝

拔丝高丽澄沙

一、拔丝是把绵白糖加油或水加热到一定的火候,然后放入经过油炸的原料翻滚均匀,使糖汁均匀地包裹在原料上,食用时能拔出细糖丝的一种方法。

二、烹调方法:拔丝。

三、味型特点:甜香。

四、原料:

主料:澄沙馅 50g。

调料:绵白糖 200g。

辅佐料:干淀粉 50g,面粉 10g,蛋清 50g,色拉油 1000 g(实耗 50 g)。

五、工艺流程:

原料加工成型→调糊→炸制→熬糖→翻拌→成品。

六、制作方法:

1. 加工过程

将澄沙馅搓成条状后制成 10～12 个圆球,粘上干淀粉;将鸡蛋清抽打成高丽糊后放干淀粉、面粉,搅拌均匀。

2. 烹调过程

(1)锅中放色拉油,将澄沙馅均匀地包裹上高丽糊成球状,下入凉油中,使其随油温的升高而加热,至表面为淡金黄色。

(2)在炸高丽澄沙的同时,另取锅刷洗干净,放入少许油,加入绵白糖,待将绵白糖熬溶化至起小泡、色呈金黄色时,捞出高丽澄沙,控净油,放入糖汁中,使其表面均匀地包裹上糖汁即可。

(3)在黑色的漆器圆盘上撒上一层绵白糖,装备装制作好的菜肴。

3. 盛装方法

盛装在黑色的漆器圆盘上,点缀红樱桃,四周用橘瓣围边即可。

七、菜肴特点:

黑色的器皿衬托金黄色的菜肴,将成品菜肴衬托得高贵典雅。此菜口味香甜,口感酥脆,内部软糯。

八、操作关键:

1. 根据原料所含水分的大小来决定浆糊处理(拍粉或挂糊)的方法,原料必须包裹均匀,原料不可裸露。

2. 炒糖时必须掌握好火候与火力,做到一看:糖溶化后先起大气泡,而后气泡变小,变均匀,待糖由浅黄色变成金黄色为好。二听:在炒糖的过程中要不停地推炒,以听到糖溶液发出清脆的声音为准。三闻:糖在推炒均匀后闻到糖汁的香味即好。

3. 原料过油时油温要掌握好,原料颜色不要过深,表面必须酥脆使糖汁包裹均匀。

4. 盛装的器皿要涂抹一层熟植物油或均匀泼洒一层糖,以免糖粘盘底。

5. 上桌时要随上一碗凉开水,以降低糖的温度,使菜肴酥脆而不粘牙。

九、相关菜肴分析:

根据此菜的烹调方法,还可制作拔丝元宵、拔丝土豆球等菜肴。

十、思考题:

1. 炸制时油温为什么不能太高?

2. 熬糖时如何掌握好火候?

拔丝香芋芒果

一、利用拔丝的方法将两种原料结合到一起使菜肴色彩、营养更加丰富。根据个人的手法不同,拔丝一般分为油拔、水拔、干拔、油水混合拔。

二、烹调方法:拔丝。

三、味型特点:甜香。

四、原料:

主料:芋头 250g,象牙芒果 250g。

配料:绵白糖 200g,鸡蛋清 50g,面粉 10g。

辅佐料:干淀粉 100g,色拉油 1000g(实耗 50g)。

五、工艺流程:

原料刀工处理→浆糊处理→过油→炒糖→均匀翻炒原料→盘底摸油→装盘。

六、制作方法:

1. 加工过程

芋头去皮切成菱形块;芒果去皮、去核,切成菱形块;将蛋清、干淀粉、面粉调成糊。

2. 烹调过程

(1)芋头拍干淀粉,挂糊下入 160℃ 热的油中炸熟(外皮有一定硬度)捞出;芒果拍干淀粉下入 140℃ 热的油中炸至外焦里嫩捞出。

(2)锅洗干净,置火上,加入少许油,放入绵白糖熬至溶化至起小泡、色呈金黄色时,下入炸好的芋头、芒果翻滚均匀即可。

(3)器皿使用海蓝色方玻璃盘,在盘底抹上一层熟植物油,准备装炒好的菜肴。

3. 盛装方法

盛装在海兰色方玻璃盘中,点缀红樱桃,四周用橘瓣围边。

七、菜肴特点:

口味香甜清香,口感酥脆软糯,营养丰富,是高档宴席用甜品之一。

八、操作关键:

1. 原料必须包裹均匀,原料不可裸露。

2. 炒糖时必须掌握好火候与火力,糖溶化后先起大气泡,而后气泡变小,变均匀,待糖由浅黄色变成金黄色为好,糖在推炒均匀后闻到糖汁的香味即好。

3. 原料过油时油温要掌握好，原料颜色不要过深，表面必须酥脆，使糖汁包裹均匀。

4. 盛装的器皿要涂抹一层熟植物油或均匀泼撒一层糖，以免糖粘盘底。

5. 上桌时要随上一碗凉开水，以降低糖的温度，使菜肴酥脆而不粘牙。

九、相关菜肴分析：

根据此菜的烹调方法，还可制作拔丝苹果、拔丝香蕉等菜肴。

十、思考题：

1. 炸芋头块、芒果块时怎样才能不脱糊？

2. 制作拔丝菜熬糖时是否要放底油？

以水为传热介质篇

第十章　实习课题——烧

第一节　白烧

白烧四宝

一、白烧四宝是将鸡腰、鸭舌、鸭掌、熟鸡皮四种原料,用白烧的技法烧制而成。

二、烹调方法:白烧。

三、味型特点:咸鲜。

四、原料:

主料:鸡腰 200g,鸭舌 50g,鸭掌 10 只,熟鸡皮 50g。

配料:菜心 250g,鲜蘑菇 75g。

调料:黄酒 5g,精盐 2g,鸡油 20g,葱片 2g,姜片 2g。

辅佐料:色拉油 750g,湿淀粉 10g,高汤 50g。

五、工艺流程:

原料→余水→煮制→白烧→装盘。

六、制作过程:

1. 加工过程

(1)将鸡腰子洗净,放在开水锅中烫一下捞出,撕去外皮;鸭舌也用开水烫过,撕去外皮,同鸭掌一起放入水锅中煮熟,取出,拆净软骨。

(2)菜心、蘑菇择洗干净待用。

2. 烹调过程

炒锅置火上,加入底油烧热,下入葱、姜煸香,下入鸡腰子、鸭舌、鸭掌、熟鸡皮、蘑菇,加入黄酒、高汤、味精,再下入菜心,烧至汤将干时,用湿淀粉勾芡,淋上鸡油即成。

3. 盛装方法

将白烧四宝盛装在 10 寸圆盘中,用香菜、萝卜花点缀即成。

七、菜肴特点:

色泽白亮,咸鲜软烂,味美可口。

八、操作关键:

1. 鸡腰等原料一定要去净异味。

2. 烧制时要烧至入味。

九、相关菜肴分析:

根据此菜的烹调方法,可制作白汁鹌鹑蛋、白烧鱼翅等菜肴。

十、思考题：

1. 四宝指的是哪四种原料？
2. 白烧时要注意哪几点？

白 汁 鱿 鱼

一、白汁鱿鱼，是选用水发鱿鱼经切片、提碱后采用白烧的技法制成。

二、烹调方法：白烧。

三、味型特点：咸鲜。

四、原料：

主料：水发鱿鱼 500g。

配料：冬笋 50g，口蘑 50g。

调料：黄酒 5g，精盐 1g，味精 1g，葱、姜各 10g。

辅佐料：高汤 100g，湿淀粉 15g，色拉油 70g。

五、工艺流程：

水发鱿鱼片成斜片→提碱→煨制→白烧→装盘。

六、制作过程：

1. 加工过程

(1) 将水发鱿鱼片成长 4cm、宽 2cm 的斜片。

(2) 冬笋切成梳子片；口蘑切成片；葱切段；姜切片。

2. 烹调过程

(1) 将片好的鱿鱼片用 90℃ 的热水反复漂洗四五遍，使其质嫩去碱味（称为提碱）。

(2) 锅中加入底油，下入葱、姜煸炒出香味，加入高汤、黄酒、精盐、味精，下入提过碱的鱿鱼片，烧开，用小火煨，捞出鱿鱼，拣出葱、姜不用。

(3) 锅中加入底油，下入葱、姜煸出香味，下入冬笋片、口蘑片、鱿鱼片，加入黄酒、精盐、高汤、味精，烧入味，用湿淀粉勾芡，淋上明油即成。

3. 盛装方法

将白汁鱿鱼盛装在 10 寸鱼盘中，用黄瓜片和红樱桃点缀即成。

七、菜肴特点：

色泽白亮，鱿鱼软烂鲜香。

八、操作关键：

1. 选用食碱水发透的鱿鱼，一定要将碱味漂洗干净。
2. 白汁鱿鱼在烧制时不易加深色的调料和配料。
3. 鱿鱼提过碱后应用高汤煨入味再烧制，否则味淡。

九、相关菜肴分析：

根据此菜的烹调方法，可制作白汁豆腐、白汁鱼丸等菜肴。

十、思考题：

1. 干鱿鱼如何发制、提碱？
2. 此菜为何不宜加深色配料？

第二节 红烧

红烧鱼

一、红烧鱼是传统的大众菜品,是宴席中常用的一道鱼类菜肴,同时还是厨师考核的规定菜肴。

二、烹调方法:红烧。

三、味型特点:咸鲜微甜。

四、原料:

主料:鲜鲤鱼1条(约750g)。

配料:肥猪肉20g,冬笋15g。

调料:葱15g,姜、蒜各5g,黄酒10g,精盐2g,酱油10g,绵白糖8g,味精1g。

辅佐料:湿淀粉5g,色拉油80g,清水250g。

五、工艺流程:

原料初加工→腌渍→炸制→红烧→装盘。

六、制作过程:

1. 加工过程

(1)将鱼刮鳞、挖鳃、剖腹去内脏,冲洗干净,在鱼体两侧剞"斜一字花刀",用黄酒、酱油、葱段、姜片、精盐腌10分钟左右。

(2)猪肥膘肉剞"鸡冠花刀"后切成片;冬笋切成片;葱切成"马蹄形"片;姜、蒜切片。

2. 烹调过程

(1)净锅加油烧至210℃左右时,将鱼身吸干水分投入油中,炸至鱼封皮捞出。

(2)锅加入底油,下入肉片、葱、姜、蒜及冬笋片煸炒出香味,再下入炸好的鱼,烹入黄酒、酱油、绵白糖、精盐、清水(以淹没鱼身为好)烧开,改小火加盖焖至熟透入味,改用大火烧,见汤汁浓稠时,用湿淀粉勾芡,淋明油翻身装盘即成。

七、菜肴特点:

色泽红亮,鱼形完整,鲜香味浓。

八、操作关键:

1. 炸鱼时油温宜高。

2. 烧制时要用小火,收汁(加盖)要用大火,火候要到,汤汁不能多,要收浓。

3. 剞花刀时刀不能太深,否则鱼体易烂。

九、相关菜肴分析:

根据此菜的烹调方法,可制作红烧划水、红烧瓦块鱼、红烧肚档等菜肴。

十、思考题:

1. 用红烧的技法还能制作哪些菜肴?

2. 红烧鱼在烧制时为什么要加清水而不加肉汤?

红烧蛇段

一、红烧蛇段是将蛇段用红烧的技法烧制而成。

二、烹调方法：红烧。

三、味型特点：咸甜。

四、原料：

主料：活蛇 1 条（约 1500g）。

配料：肥膘肉 50g，冬笋 20g。

调料：葱 30g，姜 15g，蒜 20g，酱油 25g，黄酒 20g，绵白糖 10g，精盐 2g，味精 1g。

辅佐料：高汤 200g，色拉油 50g。

五、工艺流程：

蛇宰杀→汆水→去蛇鳞→剁断→蒸烂→红烧→装盘。

六、制作过程：

1. 加工过程

（1）将蛇宰杀，不去皮，除去内脏，放入开水锅中烫一下捞出，刮净蛇鳞，冲洗干净，斩成 7 厘米的段。

（2）肥膘肉切鸡冠状片；葱切段；姜切片；冬笋切片。

2. 烹调过程

（1）净锅添水烧开，投入蛇段，汆透捞出，放入汤盘，加入酱油、黄酒、葱段、姜片，上笼蒸烂取出（也可以用高压锅）。

（2）净锅加入色拉油烧热，投入肉片、葱、姜、蒜及冬笋煸香，加入高汤，倒入蒸好的蛇段，加入调料，定好口味，烧至入味，视汤汁浓稠时，用湿淀粉勾芡，淋明油，装盘即成。

3. 盛装方法

将烧好的蛇段盛装在 10 寸圆盘或鱼盘中，用香菜和红樱桃点缀即成。

七、菜肴特点：

色泽红润，蛇段软烂，蛇带皮烧，鲜味更浓。

八、操作关键：

1. 宰杀蛇应注意安全，防止蛇伤人，特别是毒蛇。

2. 烹制时一定要掌握好火候，既要软烂，又不能脱骨。

3. 蛇带皮烧味更鲜醇，但一定要将蛇鳞刮洗干净，蒸烂。

九、相关菜肴分析：

根据此菜的烹调方法，可制作红烧甲鱼、红烧肚档等菜肴。

十、思考题：

1. 怎样才能使蛇段软烂？

2. 蛇带皮烧，味有何不同？

第三节 干烧

干烧大虾

一、干烧大虾是遵循四川干烧的技法,针对虾皮薄。虾肉嫩的特点,采用干烧的技法烹制而成。

二、烹调方法:干烧。

三、味型特点:家常味(咸鲜)。

四、原料:

主料:大虾 12 只(约 750g)。

配料:芽菜 20g,猪瘦肉 50g。

调料:葱 30g,姜 10g,蒜 10g,精盐 2g,黄酒 25g,黄醋 5g,绵白糖 10g,香油 30g,酱油 7g,胡椒粉 1g,泡红辣椒 25g。

辅佐料:高汤 150g,色拉油 1000g(约耗 30g)。

五、工艺流程:

大虾初加工→腌渍→过油→干烧→装盘。

六、制作过程:

1. 加工过程

(1)将大虾进行初加工,洗干净,沥干水分,放入盆中,加入黄酒、精盐,腌渍 20 分钟。

(2)泡辣椒去籽切成末;姜、芽菜切成粒;猪瘦肉剁成肉粒;葱切花;蒜切末。

2. 烹调过程

(1)炒锅置旺火上,加入色拉油,烧至 150℃左右时,将腌好的大虾下入油锅中炸至色变红时捞出。

(2)锅留底油,放入泡椒炒香出色,然后下葱花、姜粒、蒜末、肉粒、芽菜,加入高汤,放入大虾、黄酒、精盐、黄醋、酱油、绵白糖、胡椒粉,用中火烧开,大火收汁,淋香油起锅即可。

3. 盛装方法

将烧制好的大虾装在 10 寸鱼盘中,用香菜和萝卜花点缀即成。

七、菜肴特点:

色泽红亮,汁干亮油,大虾肉质细嫩,咸鲜微辣。

八、操作关键:

1. 应选用新鲜大虾。

2. 初加工要干净卫生。

3. 烧制时要达到汁干亮油。

九、相关菜肴分析:

根据此菜的烹调方法,可制作干烧四季豆、干烧鱼等菜肴。

十、思考题:

1. 干烧的菜肴勾芡吗?为什么?
2. 怎样才能做到汁干油亮?

干 烧 岩 鲤

一、干烧岩鲤,四川代表菜肴之一。是将岩鲤加入四川特有的调料,小火慢烧,自然收而成。岩鲤学名岩原鲤,属鲤科,头小背厚,肉嫩刺少,体灰黑,产于岷江、嘉陵江及大渡河上游,生活在深水岩石而得名(因各地原料不同可选用当地的鲜鱼用此方法烧制)。

二、烹调方法:干烧。

三、味型特点:家常味。

四、原料:

主料:鲜岩鲤1尾(约600g)。

调料:郫县豆瓣45g,葱花25g,蒜米15g,姜米10g,绵白糖20g,酱油15g,黄醋7g,黄酒25g,白胡椒粉1g,味精1g,精盐5g,醪糟汁20g,猪肥瘦肉20g,泡辣椒20g。

辅佐料:清水400g,色拉油1000g(实耗120g)。

五、工艺流程:

原料加工→剞十字花刀→腌渍→过油→加调味品→烧制成菜→装盘。

六、制作过程:

1. 加工过程

鱼经过初步加工后,在鱼的两侧剞上"十字花刀",用精盐、黄酒腌渍入味;豆瓣酱、泡辣椒剁细;猪肥瘦肉切成小粒。

2. 烹调过程

(1)锅中加入底油,下入猪肥瘦肉小粒,加入黄酒、精盐、味精,煸炒出香味后取出待用。

(2)锅置旺火上,加入色拉油,烧至210℃左右时,下入腌好的鱼炸至色泽黄亮起皱纹时捞出。

(3)锅中加入底油100g,烧至120℃左右时,下入豆瓣酱、泡辣椒末、姜米、蒜米炒出红油时,加入清水熬出香味,沥去豆瓣酱渣不用,放入炸好的鱼和肉粒、精盐、酱油、绵白糖、醪糟汁、黄酒、白胡椒粉烧开,移至小火上,将鱼两面烧透,改用中火将鱼汁烧至快干时,下入味精、黄醋、葱花,并不断地将锅内汤汁淋在鱼身上,至汁干亮油时即可出锅。

3. 盛装方法

将烧好的鱼盛装在10寸鱼盘中,用萝卜花、香菜点缀而成。

七、菜肴特点:

色泽红亮,鱼形完整,咸鲜软嫩,香辣醇原。

八、操作关键:

1. 炸鱼时油温要高,过油时间要短。

2. 烧鱼忌用浓汤,最好用清水,先用小火烧透,再改用中火收干汁,勿使鱼粘锅。
3. 保持鱼形完整,烧入味,不烧焦。

九、相关菜肴分析:

根据此菜的烹调方法,可制作干烧四宝、干烧鲳鱼等菜肴。

十、思考题:

1. 干烧的最大特点是什么?它与红烧的显著区别在哪里?
2. 其他鱼种可以干烧吗?味型可否变化?

第四节 葱烧

葱 烧 海 参

一、葱烧海参是鲁菜的传统名菜之一,它是选用胶东沿海的刺参和章丘的大葱烧制而成,其葱香味甚浓,海参软糯可口,深受食用者的赞赏。

二、烹调方法:葱烧。

三、味型特点:咸鲜香。

四、原料:

主料:水发海参1000g。

配料:大葱白200g。

调料:酱油25g,黄酒25g,味精3g,精盐4g,绵白糖25g,鲜姜25g。

辅佐料:熟猪油125g,湿淀粉25g,糖色5g,高汤150g。

五、工艺流程:

刀工切配→炸制葱油→汆水→烧制→勾芡→装盘。

六、制作过程:

1. 加工过程

将海参顺向片成大磨刀片,每片最好都带刺;大葱白先剖成两半,再切成4cm长的段;炒锅放入凉水,下入海参,上火烧开,而三汆透后捞出,沥净水分;姜块用刀拍松待用。

2. 烹调过程

(1)炒锅内放入熟猪油,烧热后,下入葱白段,炸至金黄色时捞出,再将葱白倒入碗内备用。

(2)炒锅加入高汤、葱、姜、精盐、黄酒、葱油、糖色、绵白糖烧开,放入海参片,移小火上㸆2~3分钟,然后倒入漏勺内控净水分,拣去葱、姜。

(3)炒锅放入熟猪油,加入炸好的葱段、黄酒、高汤、绵白糖、精盐、酱油、糖色,烧开后下入海参,移小火煨至高汤还剩1/3时,再置旺火上,放入味精,边颠勺边淋入湿淀粉,待芡汁熟透后,淋入炸好的葱油即成。

七、菜肴特点:

色泽光亮,呈红褐色,咸鲜微甜,海参质地柔软润滑。

八、操作关键:

1. 海参要下放入水中氽透,以去除异味。

2. 煸炒大葱时必须炒出香味,色微黄但不能变形。

3. 加清汤烧开后要慢火烧透,使其味道充足。

4. 勾芡后加入大葱油,必须用急火使汁爆起,芡油融合均匀才能光亮。

九、相关菜肴分析:

根据此菜的烹调方法,可制作葱烧田鸡、葱烧鹿筋等菜肴。

十、思考题:

1. 海参初步加工时应注意什么问题?

2. 成菜后对芡汁有什么要求?

葱烧蹄筋

一、葱烧蹄筋是山东名菜,选用山东章丘大葱和水发猪蹄筋烧制而成。

二、烹调方法:葱烧。

三、味型特点:咸鲜香。

四、原料:

主料:水发好的猪蹄筋300g。

配料:大葱150g。

调料:黄酒3g,精盐2g,绵白糖5g,酱油20g,姜15g,味精3g。

辅佐料:色拉油500g,湿淀粉15g,高汤150g,糖色5g。

五、工艺流程:

水发蹄筋洗净→切段→氽水→煨入味→葱烧→装盘。

六、制作过程:

1. 加工过程

(1)将水发蹄筋洗净,切成4cm长的段,入沸水中烫过捞出。

(2)葱切成4cm的段;姜块用刀拍松。

2. 烹调过程

(1)炒锅内加入色拉油,下入葱白段,炸至金黄色捞出,再将葱油倒入碗中备用。

(2)将炒锅加入高汤、葱、姜、精盐、黄酒、糖色烧开后放入蹄筋,移小火上烧5分钟入味后,然后倒入漏勺内控净水分,拣去葱姜。

(3)炒锅加入底油,下入炸好的葱段,烹入黄酒、高汤、绵白糖、精盐、酱油、糖色烧开后,下入蹄筋,移至小火上烧透,待汤汁渗透入味后,加上味精移旺火上,用湿淀粉勾芡,待芡汁熟透后,淋入炸好的葱油即成。

3. 盛装方法

将葱烧蹄筋盛装在10寸圆盘中,用香菜点缀。

七、菜肴特点:

色泽润红,咸鲜略甜,蹄筋软烂,葱香味浓醇。

八、操作关键:

1. 蹄筋涨发时一定用温油泡制。
2. 涨发时油要干净,油温不能太高。
3. 烧制时一定要入味,要突出葱香味。

九、相关菜肴分析:

根据此菜的烹调方法,可制作葱烧兔肉、葱烧鲫鱼等菜肴。

十、思考题:

1. 蹄筋在用油涨发时应注意什么问题?
2. 成菜后对芡汁有什么要求?

第五节　酱烧

酱烧鳗鱼

一、酱烧河鳗是温州的名菜,选用豆酱和河鳗烧制而成。

二、烹调方法:酱烧。

三、味型特点:咸鲜味。

四、原料:

主料:活河鳗1条500g。

调料:豆酱20g,蒜10g,姜8g,绵白糖4g,味精2g,黄酒5g。

辅佐料:色拉油750g(实耗50g)。

五、工艺流程:

河鳗宰杀洗净→剞花刀→腌渍→炸制→烧制→装盘。

六、制作过程:

1. 加工过程

将河鳗宰杀去除内脏,放入开水锅中烫一下,捞出洗净黏液,在河鳗两侧剞上牡丹花刀,用精盐、黄酒、姜片腌渍20分钟;姜、蒜切成末。

2. 烹调过程

(1)锅中加入色拉油,烧至180℃左右时,将河鳗卷盘好,下入油锅炸至定型捞出。

(2)炒锅置火上,加入底油,下入豆酱、姜和蒜煸出香味,下入炸好的河鳗,加入黄酒、绵白糖、高汤、味精,加盖小火焖烧入味,大火收汁,淋入明油即成。

3. 盛装方法

酱烧好的河鳗盛装在10寸圆盘中,用橙子片、香菜叶围边即成。

七、菜肴特点:

色泽酱红,甜咸适口,酱香浓郁。

八、操作关键:

1. 应选用活的河鳗烹制。
2. 宰杀后放入开水锅烫一下速捞出洗净黏液。
3. 剞花刀时不要将河鳗切断。

4. 烧制时,豆酱用小火炒出香味。

九、相关菜肴分析:

根据此菜的烹调方法,可制作酱烧排骨、酱烧白鳝等菜肴。

十、思考题:

1. 河鳗的黏液如何洗?

2. 烧制河鳗时应如何掌握火候?

酱 烧 茄 子

一、酱烧茄子是陕西的传统菜肴,选用紫皮茄子改刀成鱼鳃块,炸制后用甜面酱烧制而成。

二、烹调方法:酱烧。

三、味型特点:酱香味。

四、原料:

主料:茄子400g。

配料:猪肉25g。

调料:精盐1g,黄酒10g,味精2g,酱油4g,甜面酱5g,葱5g,姜3g,蒜5g。

辅佐料:色拉油500g(实耗100g),湿淀粉25g,高汤50g。

五、工艺流程:

原料削皮→切块→拌干淀粉→炸制→酱烧→装盘。

六、制作过程:

1. 加工过程

将茄子去皮,切成长方形的鱼鳃块,撒入25g干淀粉拌匀;猪肉切成小粒;葱、姜切末;蒜切片。

2. 烹调过程

(1)炒锅置火上,加入色拉油,旺火烧至240℃左右时,下入拌好的茄块,炸至金黄色捞出。

(2)炒锅置火上,加入底油50g,下入肉粒炒散至酥香,烹入黄酒,加入葱、姜、蒜,煸出香味,下入甜面酱,用小火将甜面酱炒香,下入茄块,加入酱油、精盐和高汤,烧沸后转小火烧透,下入味精,用湿淀粉勾芡,淋入明油,炒匀即成。

3. 盛装方法

将酱烧茄子盛装在10寸圆盘中,用鲜花和香菜点缀即成。

七、菜肴特点:

色泽酱红,酱香浓郁,茄块光绵柔软,裹汁明油。

八、操作关键:

1. 茄子在改刀时形状要一致,大小要均匀。

2. 茄块在炸制时油温要高一些,防止茄块吐水。

3. 加入甜面酱时油温要稍低些。

九、相关菜肴分析:

根据此菜的烹调方法,可制作酱烧笋、酱烧茭白等菜肴。

十、思考题：
1. 此菜茄子为什么要改成鱼鳃花刀？
2. 为什么炸茄块时油温要高？
3. 炒甜面酱时油温为什么要低一些？

第六节　煎烧

煎烧虾段

一、煎烧虾段是山东的传统菜肴，选用山东对虾，用煎烧技法制成。
二、烹调方法：煎烧。
三、味型特点：甜咸鲜。
四、原料：
主料：对虾4个（约400g）。
调料：黄酒20g，精盐2g，味精1g，绵白糖50g，黄醋10g、花椒油10g。
辅佐料：高汤300g，色拉油50g，湿淀粉20g。
五、工艺流程：
对虾初加工→切段→腌渍→煎制→煎烧→装盘。
六、制作过程：
1. 加工过程
将虾剪去须、腿、尾，用刀将虾脊背劈开，抽去沙线，剔出虾头的沙包，每个虾切成4段（头为1段，身子3段），用黄酒、精盐腌渍15分钟；葱、姜、蒜切米。
2. 烹调过程
炒锅内放入色拉油，烧至120℃左右时，先放入虾头煎制，边煎边轻轻地用手勺压出虾脑，煎至油呈红色时，再放入虾段略煎，随即放入葱、姜、蒜米，煸出香味时，烹入黄醋，放入黄酒、高汤、绵白糖、精盐，移至小火上烧透入味，待汤汁剩1/3时，移至旺火上，加入味精，用湿淀粉勾芡，淋上花椒油，颠翻均匀出锅即成。
3. 盛装方法
将煎烧虾段盛装在10寸圆盘中，用鲜花和香菜点缀即成。
七、菜肴特点：
色泽红亮，咸甜适口，鲜嫩味美。
八、操作关键：
1. 先放入虾头煎制，煎至油呈红色时，再放入虾段略煎。
2. 小火烧透入味。
九、相关菜肴分析：
根据此菜的烹调方法，可制作煎烧虎皮椒、煎烧百叶豆腐等菜肴。
十、思考题：
1. 为什么在煎虾时要先放入虾头煎制，并且要边煎边轻轻地用手勺压出虾脑？

2. 烹制的虾段为什么要先腌一下？

南 煎 丸 子

一、南煎丸子是鲁菜的传统菜肴，采用南方煎烧的技法制成。

二、烹调方法：煎烧。

三、味型特点：咸香。

四、原料：

主料：猪肥瘦肉 300g。

配料：荸荠 50g，菜心 50g，水发木耳 10g。

调料：黄酒 3g，精盐 2g，味精 2g，酱油 5g，葱、姜各 10g。

辅佐料：高汤 10g，鸡蛋 1 个，湿淀粉 20g，色拉油 500g。

五、工艺流程：

剁馅→拌馅→挤丸子→煎烧→装盘。

六、制作过程：

1. 加工过程

（1）将猪肉剁细成肉馅；荸荠切成小粒，拌入肉馅中，加入黄酒、精盐、湿淀粉、鸡蛋拌成馅心。

（2）菜心洗净，切段；木耳去根、蒂，大片撕小。

（3）葱切马蹄片；姜切末。

2. 烹调过程

（1）将炒锅烧热，滑锅，加入底油 30g，将肉馅挤成直经为 1.5cm 的丸子，在煎的过程中，用手勺背粘油将丸子压成扁圆形，一面煎黄时，大翻勺，再煎另一面，待色黄时倒入漏勺。

（2）炒锅置火上，加入底油，下入葱、姜、木耳、菜心，烹入黄酒、酱油、精盐，加入高汤，下入煎好的丸子，用小火烧 5 分钟，待烧入味时，用湿淀粉勾芡，淋入明油，大翻勺即成。

3. 盛装方法

将南煎丸子盛装在 10 寸鱼盘中，用鲜花和香菜点缀即成。

七、菜肴特点：

色红汁亮，入口香酥味浓，丸子酥嫩并有荸荠的脆感。

八、操作关键：

1. 制作此菜用的馅要剁细。
2. 在煎时用火要均匀。
3. 烧制时一定要入味。

九、相关菜肴分析：

根据此菜的烹调方法，可制作煎鸡饼、煎虾饼等菜肴。

十、思考题：

1. 南煎有何特点？为什么叫南煎？
2. 煎烧时对火候有何要求？

第十一章 实习课题——扒

第一节 红扒

蚝油网鲍片

一、蚝油网鲍片是广东传统名菜。网鲍产自日本，为鲍鱼中质量最佳的品种，是著名的海味食品，海八珍之一，味极鲜美，营养丰富。

二、烹调方法：红扒。

三、味型特点：咸鲜。

四、原料：

主料：发好的鲍鱼300g。

调料：精盐5g，味精3g，蚝油5g，老抽4g，绵白糖1g，黄酒15g，胡椒粉0.5g，香油2g。

辅佐料：湿淀粉10g，熟猪油60g，奶汤500g，上汤200g。

五、工艺流程：

鲍鱼切片→调味→煨鲍鱼→勾芡→装盘。

六、制作过程：

1. 加工过程

修去鲍鱼的边，片去薄衣及鲍枕，然后片成0.3厘米的片。

2. 烹调过程

（1）在炒锅内下入猪油20g，烹入黄酒，下奶汤及精盐、味精，再放入鲍鱼片慢火煨5分钟，捞起沥去水分。

（2）烧热炒锅，下猪油30g，烹黄酒，下入上汤及精盐、蚝油、味精、胡椒粉、绵白糖、老抽，放进鲍鱼片，略煮后用湿淀粉勾芡，淋香油即可。

3. 盛装方法

将蚝油网鲍片盛在8寸圆形金边白盘中，将柠檬切半圆片围在盘子边，再将红樱桃切一半放在柠檬片上，色彩艳丽，美观高雅。

七、菜肴特点：

菜品有鲍鱼特有的醇香滋味，肉质软滑而有胶质，蚝香浓郁。

八、操作关键：

1. 注意鲍鱼的软韧度，不够软要煲软再烹。

2. 芡不可太稀。

3. 鲍鱼本身有味,调味不宜过重。

九、相关菜肴分析:

鲍鱼制作方法比较多,常用方法有烧、焖、炒等,如"扒鲍笋"、"六彩鲍丝"等菜品。

十、思考题:

1. 此菜以蚝油为主要调味品有何好处?
2. 怎样鉴别鲍鱼的软韧度?

虾仔扒大乌参

一、棘皮动物海参,古人因它"虽生于海,其性温补,功埒人参",故以"海参"名之。因其本身不具鲜味,故烹调前应先用好汤、姜、葱、黄酒上味增鲜,加上虾籽使其味更鲜。

二、烹调方法:红扒。

三、味型特点:咸鲜。

四、原料:

主料:水发大乌参1只(约600g)。

配料:熟鹌鹑蛋10只。

调料:虾籽20g,生抽15g,老抽5g,蚝油10g,绵白糖25g,黄酒10g,精盐10g,味精15g,胡椒粉5g,葱段15g,姜片20g。

辅佐料:高汤500g,湿淀粉5g,香油10g。

五、工艺流程

原料洗净→汆水→调味→扒制→装盘。

六、制作过程:

1. 加工过程

大乌参(不改刀)经滚水烫透后,再加高汤、葱段、姜片、蚝油、生抽、老抽、白糖、黄酒、精盐煨至入味。

2. 烹调过程

(1)将煨入味的大乌参取出(汤汁不要),放在蒸具中(皮面朝下),加高汤和上述调味品后,用保鲜纸封严,入蒸箱中蒸至大乌参熟烂后取出,码在盘中。

(2)中火坐锅加入底油,将虾籽煸炒出香味后,再放入蒸大乌参的原汁,并加入味精和胡椒粉,定好口味,遂用湿淀粉勾芡,淋入明油、香油,浇在大乌参上即成。

(3)将鹌鹑蛋放入高汤中汆透捞出,围在大乌参四周即可。

3. 盛装方法

此菜用7寸腰盘装,鹌鹑蛋围在大乌参四周,大乌参四周镶上白色鹌鹑蛋形成色泽反差,突出主料,美观大方,相得益彰,再用黄瓜片围在盘边。

七、菜肴特点:

色泽深红,芡汁宽余,味醇料糯,虾籽风味突出。

八、操作关键:

1. 要将海参的泥沙去净,否则影响口感。
2. 使用蚝油、老抽要注意不要色太深,味太咸。

九、相关菜肴分析：

此菜品变化形式多样，把虾籽换成鸡米，即为"鸡米海参"；把海参做成其他形状与虾籽烧制亦可。

十、思考题：

1. 简述海参涨发过程。
2. 涨发海参应注意哪些问题？

第二节　白扒

白扒鱼翅

一、鱼翅为海味珍品，属于"上八珍"之列，为上等烹饪原料，产于我国沿海一带，山东烟台地区是其重要产区之一。鱼翅主要成分是胶原蛋白质，有补筋骨、滋阴等功效，入馔宜煨，因其自身不具鲜味，需辅以好汤等物以增其鲜，成菜柔中带脆，爽滑适口。

二、烹调方法：白扒。

三、味型特点：咸鲜。

四、原料：

主料：水发鱼翅700g。

配料：净母鸡肉500g，肥鸭750g，猪肘肉250g，菜心2个。

调料：精盐8g，味精3g，黄酒25g，鸡油15g，熟猪油75g，葱段25g，姜片25g。

辅佐料：高汤300g，奶汤250g，湿淀粉15g。

五、工艺流程：

原料加工成形→焯水→蒸鱼翅→扒鱼翅→装盘。

六、制作过程：

1. 加工过程

将母鸡肉、鸭肉、猪肘肉剁成小块，下入开水锅内焯水，捞出洗净；炒锅内加入高汤、精盐、黄酒、鱼翅，烧开后捞出沥净水分；将菜心放入锅内焯水捞出。

2. 烹调过程

(1) 将鱼翅整齐地码在大碗底层，上面放上鸡块、鸭块、猪肘肉块以及葱、姜、精盐、黄酒，倒入高汤，上笼蒸烂取出，拣去鸡块、鸭块、猪肘肉块、葱、姜。

(2) 炒锅置中火上，下熟猪油，烧至180℃时，放入葱段、姜片，煸香后加精盐、奶汤、黄酒，捞出葱、姜，放入鱼翅、菜心，烧开后撇去浮沫，改用微火扒制，待汤汁剩余1/3时，用湿淀粉勾芡，下入味精，淋上鸡油，大翻锅装盘。

3. 盛装方法：

采用6寸圆形玻璃盘将菜肴扣在盘中；底盘用8寸白色圆瓷盘。将火龙果一切为二，顶刀切片；胡萝卜切菱形片，先将火龙果点缀在白瓷盘边缘，再将每片火龙果边上摆上一块胡萝卜片,把玻璃盘放在圆瓷盘上即可。排列组成一个圆心,则能取得整齐划一的效果。

七、菜肴特点:

色泽晶莹透亮,翅形完整;味咸鲜,香气醇厚,汤汁稠浓,鱼翅软糯。

八、操作关键:

1. 主配料均要焯水处理,以除去异味,突出鲜味。
2. 烹制此菜时不得加入有色调料,炒锅要洗干净。

九、相关菜肴分析:

鱼翅适用于扒、烧、烩、炖等烹调方法,菜式、菜品较多,为各菜系所广泛采用,若选一只肥嫩的雏鸡,从背部劈成两片,胸部相连,用刀拍断骨头,使腹部向下,腌入味后放入热油锅中炸至金黄色,加姜、葱、八角、花椒、黄酒、白糖、酱油入笼蒸烂,放入盘中立起,再将鱼翅码成蓑衣状放入盘中,经过红扒,披在鸡的身后,即是一款造型美观的"凤凰鱼翅";将鱼翅在高汤里煨透,配上火腿茸、银芽装盘又是一款"清汤鱼翅"。

十、思考题:

1. 扒菜的技术要领是什么?
2. 简述鱼翅涨发过程。

奶 油 扒 菜 胆

一、此菜是广东传统名菜,以芥菜胆为主料扒制而成。"菜胆"是粤厨使用的一种规格化的青菜,选用未长出芯茎的芥菜,切去头和根,剪去嫩叶尖,剩下的四五块抱茎,头大尾小,长形,煮熟后,成纺锤形,如一巨大的鱼胆,故此得名。

二、烹调方法:白扒。

三、味型特点:咸鲜奶香。

四、原料:

主料:芥菜胆400g。

调料:精盐8g,味精5g,黄酒5g。

辅佐料:上汤150g,鲜牛奶150g,鸡蛋清1个,湿淀粉15g,色拉油100g。

五、工艺流程:

芥菜修齐→余水→煮→调味→浇汁。

六、制作过程:

1. 加工过程

将芥菜洗净,修整齐。

2. 烹调过程

(1)锅置火上烧热,添色拉油,烹黄酒,加上汤、精盐,放入菜胆,烧沸取出。

(2)锅烧热,添色拉油,烹黄酒,加上汤,放入菜胆,加精盐、味精,用湿淀粉勾芡,出锅将菜胆排在盘中。

(3)锅置火上烧热,添色拉油,加上汤、精盐、味精、鲜牛奶,用湿淀粉勾芡,再加蛋清推匀,淋入色拉油,浇在菜胆上即成。

3. 盛装方法

取 8 寸柳叶玻璃盘一个，放入菜肴，美观大方。

七、菜肴特点：

色泽翠绿，用奶油做调味料，味甘而香。

八、操作关键：

1. 注意火候大小。

2. 调味要准确。

九、相关菜肴分析：

用此方法可做香菇扒菜心、口蘑扒菜胆、蚝油扒菜胆等菜品。

十、思考题：

1. 扒制素菜菜肴应注意哪些问题？

2. 奶油在中式烹调中的运用还有哪些方法？

第三节 扣扒

白果扣鸭

一、白果又称"灵眼"、"佛指甲"，为银杏科植物银杏树的种子。入馔则主要用于烧菜，与鸭子烹制成的菜品，具有特殊的香味。

二、烹调方法：扣扒。

三、味型特点：咸鲜味。

四、原料：

主料：光鸭半只（约 1.2kg）。

配料：湿百合 25 g，湿薏米 20g，湿莲子 15g，湿冬菇粒 15g，熟猪肉粒 30g，白果肉 50g，栗子肉 25g，熟火腿粒 25g，熟核桃肉 25g，熟花生米 20g（去皮）。

调料：生抽 15g，精盐 25g，绵白糖 15g，黄酒 15g，味精 25g，八角 5g，葱段 15g，姜片 25g，香油 5g。

辅佐料：色拉油 1000g（实耗 120g），高汤 400g。

五、工艺流程：

鸭洗净→走红→蒸→扣→浇汁。

六、制作过程：

1. 加工过程

光鸭加工洗净，用老抽涂匀鸭面，再入热油炸至金红色后，遂用高汤、生抽、绵白糖、精盐、黄酒、葱段、姜片、八角煲至入味并能拆骨时取出，拆去大骨（不要将鸭肉拆碎）。

2. 烹调过程

（1）各种配料整齐地码在蒸器底部，再将鸭肉斩成整齐的粗条状，铺在上面，然后将部分煲鸭的原汤浇在里面，定好口味，盖上保鲜纸，放入蒸箱中蒸至鸭肉、配料熟烂,取出;原汤放入锅内,倒扣盘中。

(2)原汤中加入味精,并用湿淀粉勾芡,淋入明油、香油搅匀,浇在原料上即成(注:可炒配一些青菜垫底或围在原料周围)。

3. 盛装方法

此菜用8寸白色腰盘盛装,将鸭子整齐扣入盘中,四周围用炒熟的青菜围边。红色鸭子有绿菜衬托,造型美观。

七、菜肴特点:

色泽红润,芡汁宽余,肉质肥厚。

八、操作关键:

蒸制时间以能脱骨为宜,不宜过长。

九、相关菜肴分析:

鸭肉丰满、肥厚,多以整只烹制,适合用蒸、炖、烤、卤、烧、焖烹调方法制作。如"凤姜仔鸭"、"青莲鸭"、"五宝扒鸭"、"锅烧鸭"等菜品。

十、思考题:

1. 制作此菜选用哪种鸭子最好?
2. 鸭子走红有几种方法?

酿金钱发菜

一、"酿金钱发菜"是陕西独有的名菜,形似金钱。"发菜"与"发财"同音,寓意"发财致富,吉祥如意"。

二、烹调方法:扣扒。

三、味型特点:咸鲜味。

四、原料:

主 料:鸡肉茸150g。

配 料:干发菜20g,鸡蛋150g。

调 料:精盐15g,黄酒10g,味精2g。

辅佐料:湿淀粉5g,清汤1500g。

五、工艺流程:

制蛋皮→加鸡茸→加发菜→卷、切金钱形→蒸→扣盘→浇汁。

六、制作过程:

1. 加工过程

(1)发菜洗干净,攥干水分,取一个鸡蛋打散,加少许湿淀粉搅均匀,蒸硬成为黄蛋糕,放凉后切成0.5cm见方的长条,做钱眼用,再取两个鸡蛋打散,加少许水、淀粉搅拌均匀,炒锅上火用油滑光,摊蛋皮3张。

(2)鸡茸和净发菜拌匀,鸡蛋皮摊在砧板上,将拌好的发菜分别摊在蛋皮上,中间放切好的蛋黄糕一长条,卷成直径约2.5cm的圆柱形,共4卷,放平盘内,上笼蒸5分钟取出,待凉后,直刀切成0.5cm厚的钱形圆片,整齐地排放在蒸碗内。

2. 烹调过程

(1)将扣碗浇清汤,放精盐,上笼蒸透取出,扣在大汤盘内,滗出汤汁。

（2）炒锅置旺火上，放清汤烧沸，加精盐、黄酒，撇去浮沫，再加味精，浇在装酿发菜的大汤盘内即成。

3. 盛装方法

取6寸大汤盘一个，把蒸好的菜品扣入盘内，形似金钱，寓意吉祥，色泽艳丽。白色圆盘中间，形成圆形菜品，金钱满盘。

七、菜肴特点：

造型别致，绵软鲜美，滑嫩爽口。

八、操作关键：

1. 发菜一定要漂洗干净，挤干水分。

2. 鸡茸一定搅打好上劲。

3. 卷制时，要细心，钱眼一定居中。

4. 蒸时要掌握好老嫩。

九、相关菜肴分析：

此菜也可以把火腿切成长条卷入，形成钱眼。用此方法烹制的菜品有"干贝酿瓜脯"，将冬瓜用模具改成圆形，中间挖一个圆空心，把蒸过调好味的干贝镶在环行冬瓜上，整齐码入碗内，加入高汤蒸制，扣入盘内，用青菜围边点缀，浇上白汁即可。

十、思考题：

1. 发菜的特点是什么？

2. 简述制作"金钱"的工序是什么。

第十二章　实习课题——焖

第一节　红焖

红焖猴头

一、猴头蘑俗称"猴头"，盛产于大兴安岭，干制品为黄褐色，根大顶尖，属高档的菌类烹饪原料。烹调方法多采用扒、烧、煨、炖等，通过涨发、红焖而成。

二、烹调方法：红焖。

三、味型特点：咸鲜。

四、原料：

主料：干猴头菌2个。

配料：火腿20g，香菇20g，玉兰片30g，猪肥肉15g。

调料：精盐3g，酱油10g，黄酒5g，味精2g，葱结10g，姜片10g，葱丝15g，姜丝10g，熟猪油40g。

辅佐料：鲜汤500g，湿淀粉20g。

五、工艺流程：

涨发猴头→原料成形→蒸制→装盘→制汁→浇汁。

六、制作过程：

1. 加工过程

（1）将干猴头菌入开水锅中煮片刻，去掉污垢，洗净根柄，入开水锅中氽5～6次后，入凉水泡发24小时，再入开水泡发3小时后取出，摘去老毛，削去老根，洗净入盆，加姜片、葱结、鲜汤，上笼蒸透。

（2）将猴头菌片成薄片，火腿、香菇、玉兰片切成薄片；取一扣碗，把火腿、香菇、玉兰片摆在碗里，再把猴头片摆在上面，呈马鞍形；肥肉切片。

2. 烹调过程

炒锅置旺火上，下熟猪油烧热，放入葱丝、姜丝煸香，加黄酒、酱油、精盐、肥肉片煸炒几下，倒在猴头上，上笼蒸透，拣去葱、姜、肉片，滗去汤，扣在盘里，原汤烧沸后勾芡，浇在猴头上即成。

3. 盛装方法

采用长方形8寸金边波浪形盘，用萝卜刻成菊花放在盘子边上，用香菜点缀菊花，菜肴扣在盘子中间，一朵菊花衬托红色菜肴，相得益彰。

七、菜肴特点：

造型美观，味咸鲜，鲜味突出，质地软烂。

八、操作关键：

1. 猴头菌应涨发透，蒸至软烂入味。
2. 此菜应突出"鲜"的特点。

九、相关菜肴分析：

猴头既宜独烹，也宜与鸡、鸭、肉、笋等同烹，味道均很美。烹调中注意突出猴头"鲜"的特点。可制成"百花猴头"、"白扒猴头"、"红烧猴头"等菜肴。传统涨发方法是先将猴头用温水浸泡几小时，捞出放入沙锅里加水小火慢煮，再加适量碱和少许硼砂同煮，它的不足之处是碱和硼砂损害了猴头的营养价值，而且发制后颜色较暗。现在有的采用将猴头用温水泡透，捞出，放到沙锅里加水煨煮至软的方法。时间根据猴头大小老嫩而定，捞出再用清水泡透，切去老根，色泽美观。

十、思考题：

1. 简述猴头涨发过程。
2. 如何才能突出猴头菌的鲜味？

红焖猪手

一、猪手又称"蹄爪"、"猪脚"，主要是皮筋胶质重。用生抽、蚝油焖制而成。

二、烹调方法：红焖。

三、味型特点：咸鲜。

四、原料：

主料：净猪手600g。

调料：生抽20g，老抽5g，黄酒15g，绵白糖15g，味精10g，精盐20g，葱段10g，姜15g，蒜0g，香油3g。

辅佐料：色拉油1000g，湿淀粉10g，高汤700g。

五、工艺流程：

猪手剁大块→余水→焖→调味→收汁→装盘。

六、制作过程：

1. 加工过程

（1）猪手洗净后，用滚水烫透；葱切长段；鲜姜多数拍散，余下切末；蒜肉制茸。

（2）锅上火，加入清水（约1.5kg），再放入葱长段和拍散的姜以及生抽、老抽、黄酒，滚后放入猪手，加盖以慢火煮至猪手半熟，捞出，斩成块。

2. 烹调过程

锅刷净，加入色拉油20g，放入蒜茸、姜末爆锅，依次加入黄酒、生抽、高汤、精盐、白糖、葱段，滚后放入猪手；再滚时转小火加盖焖制，至猪手软、汤汁将尽时，拣出葱段，调入味精（如颜色不够，可适量加少许老抽），遂用湿淀粉勾芡，淋入香油即成。

3. 盛装方法

采用8寸圆形白盘用白萝卜修出仙鹤形状，再用心里美萝卜刻成荷花，用西瓜皮刻出荷叶摆在盘边，黄瓜切片，围边即可。仙鹤形象逼真，色彩丰富，提高了菜肴的价值。

七、菜肴特点：

色泽红润，汁浓软烂，香醇味浓。

八、操作关键：

1. 加汤焖制时，要一次性加足。

2. 必须小火、加盖。

九、相关菜肴分析：

红焖菜肴比较多，红焖甲鱼、红焖鳝鱼、红焖狗肉等菜品都可以采用红焖方法制作菜肴。

十、思考题：

1. 简述红焖的特点。

2. "红焖"与"红烧"有何区别？

第二节　黄焖

黄焖鱼翅

一、鱼翅又称"鲨鱼翅"。鱼翅的主要成分是胶原蛋白质，入馔宜煨，因其自身不具鲜味，需辅以好汤、鸡、鸭、肉等物以增其鲜，成菜柔中带脆，爽滑适口，按部位的不同又可分为披刀翅、青翅、尾翅、黄肉翅四类，其中披刀翅质量最好。黄焖鱼翅是北京著名的官府菜——"谭家菜"的代表菜之一。

二、烹调方法：黄焖。

三、味型特点：咸鲜。

四、原料：

主料：水发黄肉翅175g。

配料：鸭子750g，老母鸡300g，干贝25g，熟火腿25g。

调料：精盐15g，绵白糖15g，黄酒25g，葱段250g，姜块50g。

五、工艺流程：

加工配料→鱼翅初步熟处理→黄焖→装盘。

六、制作过程：

1. 加工过程

将鸡、鸭洗净，用开水煮透，捞出，洗净血污；熟火腿切成细末；干贝去掉硬筋，洗去泥沙，放入小碗内，加适量的水，上笼蒸烂，将干贝汤滗出备用。

2. 烹调过程

（1）将鱼翅洗净，平码在竹箅上，取一白搪瓷桶，在桶底摆上用两副竹筷子绑成的"井"字架，上面再垫上一层竹箅子，把鱼翅放在竹箅子上，加清水，用旺火烧开，改用微火煮2~3分钟，滗掉水，如此反复两次，再加清水、葱段、姜块，用旺火烧开，改微火煮4~5分钟，将水滗掉。

（2）将鸡、鸭及余下的熟火腿码在竹箅子上，再平放在桶内鱼翅上面，加满清水，上火烧开，撇净浮沫，再放入葱段、姜块，盖上桶盖，先用旺火烧15分钟，再改用微火焖,约焖6小时后,取出鸡、鸭、火腿,将桶内的汤滗入炒锅内,再加入蒸好的干贝汤,将炒锅置火上,下精盐、绵白糖、黄酒,再将鱼翅放入炒锅内焖4~5分钟,将鱼翅翻扣在盘内,再收稠汤汁,浇在鱼翅上,撒上火腿末即可。

3. 盛装方法

将鱼翅盛装在梅花形带金边的圆形8寸白盘中,柠檬切片围在盘子四周,黄瓜切半圆形的薄片放在柠檬上。菜肴放在中间,黄绿相间围边与金黄透亮的菜肴遥相呼应。

七、菜肴特点:

色泽金黄透亮,形态完整美观,味鲜美而醇厚,质地柔软糯滑。

八、操作关键:

1. 应选用质量上乘的黄肉翅作主料。
2. 需要用小火慢慢焖制,以达到汁浓、味厚、质地柔糯的品质要求。

九、相关菜肴分析:

焖是菜肴制作的烹调方法之一,如黄焖鳝鱼、黄焖鸡、蒜子焖鳗鱼等菜品。

十、思考题:

1. 红烧与黄焖有何区别?
2. 鱼翅如何分类?

黄 焖 鳝 鱼

一、"黄焖鳝鱼"是陕西传统风味名菜。鳝鱼,又叫黄鳝鱼,为鳝科动物。唐代《食疗本草》说它有"补六脏,逐十三风邪,治风湿"的功效。此菜以大黄鳝为主料,重用大蒜,先焖后蒸,具有补虚益气、强筋骨的功效,可为久病体虚者补益食疗佳品。

二、烹调方法:黄焖。

三、味型特点:咸鲜香。

四、原料:

主料:净鳝鱼肉500g。

配料:肥瘦猪肉100g,大蒜100g。

调料:葱25g,姜15g,八角、桂皮各3g,花椒25g,甜面酱25g,精盐5g,酱油20g,黄酒25g,味精1g,胡椒粉2g。

辅佐料:湿淀粉20g,高汤400g,色拉油200g。

五、工艺流程:

鳝鱼宰杀→去骨→切段→炸蒜→烧→蒸→收汁→装盘。

六、制作过程:

1. 加工过程

(1)鳝鱼宰杀去净骨,洗去血污,再用沸水烫一下除去黏液,切成6厘米长的段。

(2)肥瘦猪肉顶刀切成0.3cm厚的片;生姜取8g切成细丝,其余切片;大葱切成4.5cm长的段;大蒜剥皮,切去两头。

2. 烹调过程

(1)锅置火上加入色拉油,烧热投入蒜瓣炸至色黄时速下肉片,煸至散开,继而入鳝段、面酱,加入调料和适量高汤,用小火焖4~5分钟起锅。

(2)拣出鳝段,背面朝下整齐地装入蒸碗,大蒜围在鱼肉周围,猪肉片压放在鱼肉上,再放姜片、八角、桂皮,浇上原汁,上笼蒸烂。

(3)鳝鱼出笼拣去葱、姜、香料,翻扣汤盘内,原汁滗入锅内调好味,撒上胡椒粉,用湿淀粉勾流水芡,浇在鱼肉上,最后再将姜丝分为四五撮摆放在鱼肉上即成。

3. 盛装方法

取金色盘为底座,白色8寸金边盘一个,用心里美萝卜刻一朵牡丹花放在白盘上,点缀一些香菜,把鳝鱼放入盘内后,把白盘放在金盘上,金色盘托上的白色盘子中放着黄亮的鳝鱼,形成反差。

七、菜肴特点:

色泽棕红,蒜味浓郁,鳝肉酥烂,鲜香醇浓。

八、操作关键:

1. 鳝鱼去黏液时,一定要去净。
2. 汆烫时时间不宜过长,以防营养流失。

九、相关菜肴分析:

鳝鱼作法比较多,可以炖、烧、炒等,如"红烧鳝鱼"、"鳝鱼大烤"、"红焖鳝段"等菜品。

十、思考题:

1. 鳝鱼为什么必须选用鲜活鳝鱼?
2. 鳝鱼宰杀有几种方法?

第三节 油焖

油焖大虾

一、油焖大虾是选用优质大虾经焖制而成。大虾即对虾,也叫明虾,我国沿海均有出产,但以渤海湾所产最佳。因过去北方市场常以"一对"为单位出售,渔民也常以此来计数,故又名"对虾",针对虾衣皮薄、虾肉质嫩的特点,因材施艺,因质施烹,厨师充分运用海鲜之原汁、原味烹制,使成菜富有特色。

二、烹调方法:油焖。

三、味型特点:咸鲜味。

四、原料:

主料:大虾750g。

配料:青蒜段50g。

调料:姜丝10g,精盐2g,黄酒25g,绵白糖7g,味精3g。

辅佐料:高汤300g。

五、工艺流程:

大虾洗净→修剪→去沙包、沙线→烧、焖装盘→浇汁。

六、制作过程：

1. 加工过程

大虾带壳洗净，剪去小腿、虾须和虾枪，去掉沙包和沙线，用黄酒、精盐拌匀码味，每只虾切三段。

2. 烹调过程

（1）少许油下锅，油要温，不要热，先把虾头和姜丝放入煸炒，用手勺压一压虾头，使其虾脑溢出，成红油汁；接着把虾段放入，烹炒片刻，随下高汤、绵白糖、黄酒、味精、精盐，汤汁量要少，将锅端至温火上，焖约5~6分钟即成。

（2）上桌时，先将虾头拣出码在盘底，再将虾中段覆盖在上面。虾汁再上旺火，烧开后，淋入少许明油，放入青蒜段，浇在虾段上面即成。

3. 盛装方法

采用方形10寸四边波浪形淡绿色方盘，将菜肴整齐放入盘中，用心里美萝卜刻一朵月季花摆在盘子边，用香菜围在花的旁边，美观典雅。

七、菜肴特点：

油汁明亮，色泽枣红，味道鲜美，肉质细嫩。

八、操作关键：

1. 虾要新鲜，大小要均匀，虾须、虾枪、沙包、沙线要取净。
2. 火候及口味要掌握好。

九、相关菜肴分析：

根据此菜的烹调方法，可制作油焖春笋、油焖茭白、油焖白菜等菜肴。

十、思考题：

1. 油焖的特点是什么？
2. 哪些原料适应制作油焖菜？

油 焖 冬 笋

一、冬笋又称"毛竹笋"、"茅竹笋"、"南竹笋"。冬笋粗壮，肉厚，颜色浅黄，以其清香脆嫩，味鲜。油焖冬笋以笋为原料，通过油焖而精心制作的，鲜嫩爽口，味美浓郁。

二、烹调方法：油焖。

三、味型特点：咸鲜微甜。

四、原料：

主料：净新鲜冬笋500g。

配料：生菜25g。

调料：酱油35g，黄酒10g，绵白糖30g，味精1g，香油25g。

辅佐料：色拉油1000g（实耗100g），高汤100g。

五、工艺流程：

原料切段→余水→过油→烧→焖→调味→装盘。

六、制作过程：

1. 加工过程

先将笋切成两片,再用刀面拍松,然后再改成1.5cm左右长的段。

2. 烹调过程

锅内放入色拉油,烧至160℃热时,投入笋段,炸至笋肉呈黄色,倒入漏勺里沥油,锅内留用50g油,将笋段回锅,加酱油、绵白糖、黄酒和高汤,先在旺火上烧开,加锅盖端到小火上焖至汤汁稠浓时,放入味精,起锅颠翻几次,淋入香油即可。

3. 盛装方法

此菜用7寸凹形白色圆盘盛装,盘底垫上生菜叶,把菜肴放在生菜上,白色圆盘四周为淡绿色,生菜叶中间是金黄色的冬笋,非常美观。

七、菜肴特点:

色泽金黄,味鲜嫩,略带甜味,佐酒佳肴。

八、操作关键:

1. 笋肉应先拍松后再改刀。
2. 焖笋不需勾芡。
3. 焖煮时间不能太长,约15分钟左右。

九、相关菜肴分析:

冬笋较适应烧、焖、炖、烩等方法制作。在菜肴制作中既可当主料也可当辅料,采用焖的烹调技法中有"油焖竹笋"、"虾籽烧冬笋"。在充当配料的菜品中有"冬笋焖排骨"等菜肴。

十、思考题:

1. 为什么笋要拍松?
2. 焖煮时间太长对菜肴有何影响?

第四节 酒焖

酒焖水鱼

一、酒焖水鱼,汤稠味醇,甲鱼软烂,有淡淡的酒香味,是一道滋补的高档菜。

二、烹调方法:酒焖。

三、味型特点:咸鲜。

四、原料:

主料:甲鱼(野生)1只(约500g)。

配料:冬菇30g,瘦肉250g,葱15g,姜20g,陈皮2g,蒜15g。

调料:黄酒35g,生抽15g,精盐30g,蚝油5g,味精2g。

辅佐料:高汤300g,淀粉10g。

五、工艺流程:

宰杀→烫→去薄膜→爆炒→焖→收汁→装盘。

六、制作过程:

1. 加工过程

(1)用热水烫甲鱼,去净其外层薄膜,用冷水冲洗干净,切成小块。
(2)冬菇浸软去蒂,洗去泥沙。
(3)瘦肉切片,用少许生抽、淀粉拌匀。
(4)姜切片;葱切丝;蒜肉用油炸至金黄色备用;陈皮浸软,切丝。

2. 烹调过程

(1)烧热瓦煲,放入生抽2汤匙,略爆甲鱼块,再加姜片、瘦肉同爆炒,加入黄酒,再加入高汤,加盖用中火煲30分钟。

(2)待甲鱼软烂时加入蒜、冬菇、陈皮丝,小火煲10分钟,加入生抽、精盐、蚝油调味,再加入黄酒,焖5分钟即可趁热上桌,将葱丝撒在上面即可。

3. 盛装方法

采用16寸圆盘,将萝卜切成四方块在四面分别修出两条槽痕,将一头削尖,用雕刻刀刻出花瓣;黄瓜切连刀片,切5片,做成兰花,围在盘子边。整体搭配颜色艳丽,使菜肴显得非常高雅,既体现了菜肴价值,又烘托了顾客就餐的气氛。

七、菜肴特点:

色泽微红,味道咸鲜,有淡淡酒香,肉质软烂。

八、操作关键:

1. 将甲鱼宰杀时皮膜一定要刮洗干净,氽烫的水温要掌握好。
2. 煮完甲鱼后,原汤不要倒掉。
3. 焖制甲鱼的火候要掌握好。

九、相关菜肴分析:

据可考资料记载,甲鱼入馔最早见于周代宫廷御膳,后广泛食用,成为席上的首选菜肴主料。历代厨师多运用炖、焖、烧、煮等烹调方法,如"元鱼献宝"、"红烧甲鱼"、"黄焖甲鱼"等多款菜品。

十、思考题:

1. 如何区分野生甲鱼和人工饲养甲鱼?
2. 怎样鉴别雌雄甲鱼?

酒 焖 仔 鸡

一、酒焖仔鸡是以仔鸡与冬笋、洋葱同烧而成的,焖法是将经过加工和熟处理的原料,以较多汤水并调味后,用中小火较长时间地加盖烧煨,使原料软烂入味的一种烹调方法。焖的菜肴具有汤汁浓稠,原料形状完整,口味醇厚的特点,加上白酒、黄酒或葡萄酒,则称为酒焖。

二、烹调方法:酒焖。

三、味型特点:咸鲜略甜,酒香味浓。

四、原料:

主料:仔鸡1000g。

配料:芹菜100g,胡萝卜200g,笋肉300g,洋葱100g。

调料:精盐60g,红葡萄酒150g,味精20g,姜50g,葱50g,蜂蜜100g。

辅佐料:淀粉40g,色拉油1000g(约耗50g)。

五、工艺流程：

宰杀→腌制→炸→烧焖→斩块→装盘→淋汁。

六、制作过程：

1. 加工过程

（1）胡萝卜、姜、笋肉等洗净，切成1厘米厚的片；葱洗净去头尾，轻拍葱白，使它散开；芹菜洗净，切成6厘米长的细条；洋葱切丝。

（2）鸡去毛和内脏等，洗净，割破鸡眼，放大碗中将整只鸡内外先抹上精盐，再加入姜片、葱条、芹菜、洋葱和100g红葡萄酒，腌约1小时。

2. 烹调过程

（1）蜂蜜、淀粉和红葡萄酒放小碗中，加200g清水，调匀，做成味汁。

（2）锅洗净抹干，放进色拉油，烧到微沸，提起腌好的鸡，滤去腌渍物，放进油锅中，并放进笋片一起炸，约15分钟后鸡皮呈金黄色时，捞起鸡及笋片，沥干油滴。把腌过鸡的腌渍物和汁液倒锅中，加3碗清水，再放进鸡和笋片，盖上锅盖，以慢火沸煮约1小时，当锅中汁液剩下约1小碗时，捞起鸡和笋片，笋片放在大碟子中央，鸡趁热斩成小块，放在笋片上，砌成全鸡模样。把锅中剩下的汁液煮沸，将调好的味汁搅拌均匀，徐徐注入锅中，熬成浓汁后入明油，搅匀后淋在鸡上即可。

3. 盛装方法

采用16寸圆盘，用白萝卜修出仙鹤大体形状，然后逐步刻出仙鹤的嘴、翅膀等，再用心里美萝卜刻成荷花，用西瓜皮刻成荷叶，摆放圆形盘边。仙鹤形象逼真，与盘中鸡遥相呼应，色彩丰富，而且切合主题。

七、菜肴特点：

肉质软烂，酒香味浓，其味鲜美。

八、操作关键：

1. 焖制时间不宜过长，焖至脱骨软烂为止。
2. 选用当年仔鸡。

九、相关菜肴分析：

"辣子鸡"，将嫩母鸡洗净，用精盐、红葡萄酒、葱、姜、八角、桂皮等腌制1小时，下入八成热的油锅中炸至金黄，再用干辣椒、酱油、白糖等调料一同烧焖1小时至熟烂即成。"太和蘸鸡"是将童子鸡洗净，腌渍后煮至6成熟，下油锅炸至金黄，剁成斜块，带茶汁与椒盐味碟一同上桌。

十、思考题：

1. 焖制菜时应注意哪些问题？
2. 酒焖菜肴有哪些特点？

第十三章 实习课题——煨

第一节 红煨

红煨山獾

一、红煨山獾是以野味山獾为主料,经漂洗、氽水,然后加香料等工序煨制而成。

二、烹调方法:红煨。

三、味型特点:咸鲜。

四、原料:

主料:净山獾肉 1000g。

配料:蒜 150g。

调料:葱 50g,姜 50g,八角 1g,桂皮 10g,丁香 1g,草果 2g,黄酒 50g,精盐 5g,绵白糖 5g,老抽 10g,味精 5g。

辅佐料:湿淀粉 20g,色拉油 500g,高汤 2000g。

五、工艺流程:

獾肉切块→漂洗→氽水→上色→加高汤→烧开→煨烂→收汁→装盘。

六、制作过程:

1. 加工过程

(1)将山獾肉洗净,改刀成 2.5 厘米见方的块,用清水漂净血污。

(2)葱切段;姜切片;蒜切去两头。

2. 烹调过程

(1)净锅上火加水煮开,放入肉块氽透,捞出放清水中漂去异味。

(2)净锅上火加油烧至 180℃左右时,放入蒜炸至黄色时捞出待用。

(3)原锅留油适量,下入葱、姜、香料煸香,放入肉块,加入老抽煸至上色,加入高汤、黄酒、精盐、绵白糖烧开,用小火煨 3 小时左右,快熟时放入蒜煨 15 分钟,见汁收浓,加入味精,用湿淀粉勾芡,淋入明油即成。

3. 盛装方法

取 8 寸方形蓝边五角微翘盘子,把菜肴放在盘中间,用白萝卜刻出一个仙鹤,用心里美萝卜刻出荷花,用西瓜皮刻出荷叶摆在盘子一角,再用香菜叶放在仙鹤脚下,形象逼真,提高了菜肴档次。

七、菜肴特点:

色泽红亮,肉质软烂,蒜香味浓,口味浓香。

八、操作关键:

1. 山獾土腥味大,应用清水漂洗去净异味。
2. 余水时应冷水下锅。
3. 烧制时掌握好火候。
4. 味不宜太咸,香味要浓。

九、相关菜肴分析:

"獾"可采用烧、焖、炖等烹调方法,如"红烧獾"、"黄焖獾"等菜品。

十、思考题:

1. 如何去除"獾"的土腥味?
2. 简述"獾"的宰杀方法。

红煨狗肉

一、狗肉又名香肉、地羊,烹制以烧、焖居多,食之肉香味美,俗话说:"寒冬至,狗肉肥";"狗肉滚三滚,神仙站不稳"。此菜是很受人们欢迎的一道菜,其肉热量高,中医认为狗肉能补血脉,暖腰膝,润肠胃,益气壮阳,为滋补上品。

二、烹调方法:红煨。

三、味型特点:咸鲜微辣。

四、原料:

主料:鲜狗肉 300g。

配料:葱、姜、蒜各 50g。

调料:桂皮 2g,花角 15g,丁香 1g,干辣椒 15g,精盐 25g,黄酒 10g,酱油 20g,味精 15g。

辅佐料:色拉油 100g。

五、工艺流程:

狗肉烙净毛→浸泡→剁块→余水→冲水→炒料→烧→调味→收汁→装盘。

六、制作过程:

1. 加工过程

(1)带皮狗肉烙净毛,入冷水中浸泡刮洗干净,剁成 3cm 见方的块。

(2)葱切段;姜切片;蒜切去两头待用。

2. 烹调过程

(1)净锅加冷水,放入狗肉烧开,去掉血腥味,用漏勺捞出,放入清水冲洗 3 次,沥干水分。

(2)炒锅上火,放入油,投入葱、姜、蒜爆香,放下狗肉,烹入黄酒、酱油煸炒上色,加入水、桂皮、花角、丁香、干辣椒、精盐,用大火烧开,移至瓦钵内,用小火煨至肉烂(约 2 小时),拣去葱、姜、香料,放入味精,原瓦钵上桌。

3. 盛装方法

将红萝卜切成四方块在四面分别修出两条槽痕,将一头削尖,用雕刻刀刻出花瓣;黄瓜切连刀片,切 5 片,做成兰花,围在 16 寸的圆盘边,放上瓦钵,提高了菜肴档次。

七、菜肴特点:

色泽红亮,肉烂味香,是冬令佳肴。

八、操作关键:

1. 狗肉洗净,烙净毛,要用水漂洗净血污。

2. 汆水后,应用清水漂洗。

3. 煨制时火不宜太大。

4. 掌握好时间,煨至酥烂。

九、相关菜肴分析:

将狗肉剁块与冬笋一起烧制可制作"红烧狗肉",狗肉与胡萝卜一起炖制可制作"清炖狗肉"。

十、思考题:

1. 简述狗肉加工方法及过程。

2. 中国哪些地区的居民喜欢吃狗肉?

第二节 白煨

煨 鱿 鱼 丝

一、煨鱿鱼丝是陕西传统名菜,此菜以鱿鱼为主料,配以鸡肉、猪肘、火腿,采用先煸炒、后煨焖的方法,注重刀功,技法精妙,风味独特。

二、烹调方法:白煨。

三、味型特点:咸鲜。

四、原料:

主料:干鱿鱼 250g。

配料:肥瘦猪肉 250g(肥三瘦七),生鸡腿 2 个,熟火腿 15g,猪肘子 1 个,冬笋 25g。

调料:八角 2g,桂皮 1g,草果 2.5g,酱油 15g,黄酒 15g,味精 5g,精盐 15g,熟猪油 50g,葱 25g,姜 15g。

辅佐料:熟猪油 50g,鸡汤 50g。

五、工艺流程:

原料加工→煨制→调味→装盘→浇汁。

六、制作方法:

1. 加工过程

(1)鱿鱼放冷水中泡至回软(冬天可用温水),撕去鱼皮和杂物,用平刀片成薄片,再顺长切成细丝,然后放入浓度为 5% 的碱水中浸泡约 1 小时左右,连同碱水置火上加热(水不能大开),见鱿鱼丝卷曲时离火,然后用清水洗去碱味,沥净水分备用。

(2)猪肉、冬笋、火腿分别切丝;葱切段;姜用刀拍松。

2. 烹调过程

(1)炒锅上火烧热,加入猪油烧热,投入肉丝炒散,烹入黄酒,加入酱油、精盐和适量鸡汤烧开(也可将整块生肉用水先浸煮透,然后切丝煸炒)离火备用。

(2)生鸡腿、肘子用水氽至断生捞出,放大沙锅中,倒入调好味的肉丝汤汁,加入香料、葱、姜,用小火煨1小时左右,取出鸡腿,切丝后仍放回沙锅,然后将鱿鱼丝放在肉丝的一边,再用文火煨半小时取出,先将鸡丝和肉丝夹出,放在盘底,鱿鱼覆盖在上面,将汤汁均匀地浇在鱿鱼丝上(如果汤汁不浓可用湿淀粉勾芡),撒上火腿即可上桌。

3. 盛装方法

用8寸窝形景泰兰盘装盛菜品。

七、菜肴特点:

色泽金黄,原汁原味,鲜美浓郁,软糯嫩滑。

八、操作关键:

1. 鱿鱼改刀时要求粗细均匀。

2. 所选用猪肉和鸡肉要求新鲜。

九、相关菜肴分析:

鱿鱼可采用烧、烩、炖、炒各种烹调方法,"沙锅鱼头"也是采用此方法制作的菜肴。

十、思考题:

1. 炖、焖、煨有什么相同点和不同点?

2. 沙锅煨菜肴具有什么特点?

瓦罐鸡汤

一、瓦罐鸡汤是武汉传统名汤。湖北民间煨汤的传统习惯已久。《汉口竹枝词》:"四天过早异平常,一顿狼吞饭可忘;切面豆丝干丝粉,鱼餐圆子滚鸡汤"。长期以来,人们都把它当作不可缺少的美味佳肴,此菜是以黄坡、孝感一带出产的黄羽老母鸡为主料,用特别的瓦罐在微火上长时间煨制而成。

二、烹调方法:煨。

三、味型特点:咸鲜。

四、原料:

主料:母鸡1只(约重1500g)。

调料:精盐12g,味精6g,白胡椒粉4g,葱白20g,姜片10g。

辅佐料:熟猪油50g。

五、工艺流程:

母鸡宰杀→剁块→炒制→入罐煨制→调味→分装。

六、制作过程:

1. 加工过程

将老母鸡宰杀洗净,去掉头、脚、内脏,用清水洗净,斩成5cm长、4cm宽的块,保持腿与翅形的完整。

2. 烹调过程

炒锅置旺火上,下入熟猪油烧热,将鸡肉、鸡胗、鸡肝、鸡心和葱结、姜片一起下锅爆炒,至不见血色时,分装入4个瓦罐中,每罐加清水700g,置小火上煨至肉烂时,加入味精、精盐、胡椒粉上桌。

3. 盛装方法

用小瓦罐分装上桌。

七、菜肴特点：

汤浓白，鸡块完整，味咸鲜，鲜味突出，香气浓醇，鸡肉软烂。

八、操作关键：

1. 先炒后煨，可使鸡汤香气浓而无腥味。

2. 一次加足清水，用微火长时间煨透。

九、相关菜肴分析：

老母鸡适于蒸、炖、煨等长时间加热的方法制作，采用炖的方法有"香菇炖母鸡"、"当归黄芪炖鸡"等菜品。

十、思考题：

1. 瓦罐煨鸡有什么特点？

2. 鸡清汤和白汤的形成机理是什么？

第十四章　实习课题——炖

第一节　清炖

清炖蟹粉狮子头

一、清炖蟹粉狮子头又名蟹黄斩肉，此菜已有近千年历史，是江苏一道名菜，因形态丰富，犹如雄狮之首，故而得名。此菜选用七成肥三成瘦的猪肉，配以螃蟹肉和蟹黄加调料制成肉圆，下垫青菜心，炖制而成。

二、烹调方法：清炖。

三、味型特点：鲜、咸、香。

四、原料：

主料：净猪肋条肉800g。

配料：蟹黄50g，青菜心100g。

调料：精盐15g，黄酒100g，葱姜汁250g，虾籽1g。

辅佐料：湿淀粉25g，熟猪油50g，猪肉汤500g。

五、工艺流程：

五花肉切成粒→放入调料搅上劲→做成丸子→嵌上蟹黄→沸水氽→炖→装盘。

六、制作过程：

1. 加工过程

将猪肉斩成石榴粒状，放入钵内，加入精盐、黄酒、葱姜汁、蟹肉、虾籽及适量水，搅拌上劲。选用7cm长的青菜心洗净，菜头用刀剖一十字刀纹，切去菜叶尖。

2. 烹调过程

将沙锅置旺火上烧热，放入熟猪油40g，加精盐、猪肉汤，烧沸离火，将肉馅制成4个光滑的肉圆，表面用手蘸湿淀粉抹匀肉丸表面，将蟹黄粘在肉圆上，放入汤中，球面盖上菜叶尖，盖上锅盖，烧沸后移微火，焖约2小时后调味，去掉青菜叶，再将菜心排放沙锅内，略滚一下便成。

3. 盛装方法

采用直径为30cm的沙锅盛装菜肴，底盘用直径为15cm的圆盘，把沙锅放在圆盘上即可。

七、菜肴特点：

沙锅上席，鲜香扑鼻；猪肉肥嫩腴美，蟹肉鲜嫩，食后清香满口。

八、操作关键：

1. 猪肉要切成细粒。

2. 这是一道火工菜,要掌握好火候,火力要小,加热时间要长。

九、相关菜肴分析:

此菜为扬州名菜,制法独特,此菜可演变制做四喜丸子、蟹粉丸子、清炖牛肉丸子等菜品。

十、思考题:

1. 使狮子头酥烂的关键是什么?
2. 还有哪些菜是带有狮子头菜名的?
3. 用沙锅炖制有什么好处?

清 炖 甲 鱼

一、清炖甲鱼以甲鱼为主料。甲鱼俗称鳖、元鱼,神守等,一向被人们视为上乘佳肴原料,在高档宴席中往往作为大件菜上桌。"清炖甲鱼"是陕西传统菜肴,配以火腿、鸡腿、香菇等炖制而成,具有健身滋补功能。

二、烹调方法:清炖。

三、味型特点:咸鲜。

四、原料:

主料:活甲鱼1只(约1000g)。

配料:鸡腿250g,火腿25g,菜心50g,香菇15g,冬笋5g。

调料:精盐15g,胡椒粉2g,黄酒60g,葱15g,姜10g。

辅佐料:猪油25g。

五、工艺流程:

甲鱼宰杀→洗净→氽水→去皮→炖制→浇汁→分装。

六、制作过程:

1. 加工过程

(1)将甲鱼腹朝上放菜墩上,待头伸出后,用刀压紧,将颈拉出,用手握紧颈部竖起,从肩部中间下刀,斩断颈骨和肩骨,把甲鱼从中剖开,取出内脏洗净血污,然后用沸水烫一下,擦去外皮,洗净后斩去脚爪,剁成4cm长的大块。

(2)鸡腿剁块,氽水备用。

(3)火腿、冬笋均切成5cm长、2.5cm宽的片;香菇洗净;菜心洗净;葱切段;姜切片。

2. 烹调过程

(1)净锅烧热,放入猪油,投入1/3葱、姜,放入甲鱼块,随即烹入黄酒,略煸后倒出洗净;菜心、冬笋焯水后待用。

(2)将甲鱼按原形摆入汤盆,然后再放入鸡腿、香菇、葱、姜及清水,封口上笼炖至熟烂取出,去掉葱、姜、鸡腿,取出香菇和火腿待用。将原汁入锅内,调味,浇甲鱼肉上,用火腿、冬笋、香菇、菜心作点缀。

3. 盛装方法

用直径为15cm、高12cm的碗盛装,每人一份。

七、菜肴特点:

汤清味浓,肉烂鲜醇。

八、操作关键:

1. 甲鱼血污要清洗干净,以免色暗。

2. 烫甲鱼时,要掌握好时间,视甲鱼老嫩而定。

3. 直接炖时,火不能过大,否则汤汁混浊不清。

九、相关菜肴分析:

历代厨师对甲鱼烹调多运用炖、焖、烧、煮等烹调方法,用此方法制作的还有"霸王别姬"、"人参甲鱼"等菜品。

十、思考题:

1. 烫制甲鱼水温应控制在多少度为宜?

2. 一年之中哪个季节甲鱼最肥?

第二节 白炖

奶汤锅子鱼

一、奶汤锅子鱼,主料选用黄河活鲤鱼或汉江活鲤,这种鲤鱼体色金黄,肉质紧密而肥。制作此菜需使用鸡、鸭、猪肘子等特制的上等鲜汤和金碧辉煌的专用鱼锅,锅下盛西凤名酒,上桌时点燃,火起汤沸,顿时鱼香、酒香、汤香扑鼻。

二、烹调方法:白炖。

三、味型特点:咸鲜味。

四、原料:

主料:活鲤鱼 1 条(约重 750g)。

配料:猪肘肉 100g,白条母鸡 1 只(约重 1250g),猪腿骨 1000g,口蘑 50g,冬笋片 25g,香菜 5g,菠菜 250g,豆腐 400g。

调料:黄酒 15g,味精 2g,姜醋汁 25g,白胡椒粉 2g,葱段 20g,姜块 10g,姜片 10g。

辅佐料:熟猪油 150g。

五、工艺流程:

切剁鱼块→煎、炖→制奶汤→点锅子。

六、制作过程:

1. 加工过程

(1)鲤鱼初加工后,洗净,用沸水烫过,刮净黑液,劈成两片,改成连刀大瓦块,保持头尾完整。

(2)葱切段;姜切片;菠菜洗净装两小盘;豆腐改刀后装两小盘。

2. 烹调过程

(1)炒锅放熟猪油,置旺火上烧热,投入葱段、姜片、鱼块,煎数分钟,待鱼块开始收缩时烹入黄酒、精盐、味精,入味后出锅装在大盘内,摆放成整鱼形。

(2)猪肘、白条母鸡、猪腿骨漂洗干净,用沸水氽后,再用清水洗净沥干,放入汤锅,加清水 7500g 烧沸,放入葱段、姜块,用中火煮至鸡、肘烂时捞出不用,继续煮至汤汁浓白如乳时,捞出腿骨,即成奶汤。

(3)奶汤放锅内烧沸,加精盐、黄酒、口蘑、冬笋片,撇去浮沫,加入味精,出锅盛入专用铜制鱼锅内即速上桌,点燃锅底下的西凤酒,同时将煎好的鱼块上桌,让客人看过后投入鱼锅内,盖好锅盖。

(4)鱼锅内的汤烧沸后,揭去锅盖,投入香菜、白胡椒粉即成。每人盛一小碗鱼(带汤),一小碟姜醋汁,鱼肉吃完放入菠菜、豆腐。

3. 盛装方法

采用金碧辉煌的专用鱼锅,上桌时点燃,火起汤沸,顿时满室生辉,汤香扑鼻,气氛热烈。

七、菜肴特点:

汤色乳白,鱼肉细嫩,汤浓味鲜,营养丰富。

八、操作关键:

1. 煎鱼时要防其碎烂,视鱼肉收缩即可,防止皮焦。
2. 鱼宰杀后要将血水漂洗干净。

九、相关菜肴分析:

用此方法烹制的菜品有奶汤肚块、奶汤鱼头等菜品。

十、思考题:

1. 制作奶汤的工序是什么?
2. 简述高级清汤的制法。
3. 此菜锅子上餐桌后如何操作?

锅 仔 牛 腩

一、牛腩肉富含脂肪、蛋白质,筋多肉老不宜烹炒,此菜以清炖长时间加热,配以萝卜,以锅仔盛装既保温又能继续加热,别具一格。

二、烹调方法:清炖。

三、味型特点:咸鲜。

四、原料:

主料:牛腩 500g。

配料:胡萝卜 100g,白萝卜 100g。

调料:葱 10g,黄酒 10g,精盐 25g,胡椒粉 2g,味精 15g,姜 10g,蒜苗 10g。

五、工艺流程:

牛腩切块→氽水→炖→调味→装锅仔内。

六、制作过程:

1. 加工过程

将洗净的牛腩切成 2cm 见方的块;胡萝卜、白萝卜切滚刀块;葱切段;姜切片;蒜苗切花。

2. 烹调过程

(1) 净锅加水投入牛肉块烧开,捞出沥干,洗净血污。

(2) 锅另加水放入萝卜块煮至八成熟时,捞出放凉水中冰透待用。

(3) 锅加水放入牛肉块、葱段、姜片、黄酒、胡椒粉、精盐用大火烧开,转用小火炖至牛肉酥烂时,倒入萝卜用小火炖20分钟,放入味精,倒入点火的锅仔内,撒上蒜苗即成。

3. 盛装方法

此菜用特别的锅仔,底下有固体酒精加热,可保温,别具一格。银色的锅底下面,红红的火焰燃烧着,使香味扑鼻,深受人们的喜爱。

七、菜肴特点:

汤浓,味鲜,肉酥烂,营养丰富,是冬令佳肴。

八、操作关键:

1. 牛肉块不宜太大,要去净血污异味。

2. 萝卜氽透后要用冷水浸泡。

3. 炖时火宜小,时间要掌握好。

4. 味不宜太咸。

九、相关菜肴分析:

牛腩一般采用炖、烧、焖等烹调方法制作,相关菜肴有"清炖牛腩"、"清炖甲鱼"等菜品。

十、思考题:

1. 奶汤为什么能够具有浓白似奶、味醇鲜香的特点?

2. 哪些原料适用此烹调方法?

第十五章　实习课题——煮

鸡火煮干丝

一、煮干丝是淮扬传统名菜,此菜是选用扬州当地产的方干(白豆干)为主料,配以熟鸡丝、火腿丝,经煮制而成。

二、烹调方法:煮。

三、味型特点:咸鲜。

四、原料:

主料:方干500g。

配料:鸡脯肉50g,火腿10g,豆苗5g。

调料:精盐5g,味精5g,黄酒15g。

辅佐料:高汤750g,熟猪油500g(实耗50g),淀粉10g,蛋清5g。

五、工艺流程:

批片→切丝→浸烫方干→加汤→放主辅料→烧煮→装盘。

六、制作过程:

1. 加工过程

(1)方干放入锅中添水烧沸后捞出,晾凉后片成0.5cm的薄片,切成细丝,用开水浸泡去除豆腥味待用。

(2)鸡脯肉切细丝,放入精盐、蛋清、淀粉拌匀上浆;熟火腿切丝;豆苗洗净。

2. 烹调过程

(1)净锅添猪油烧至120℃,放入鸡丝滑熟沥油。

(2)原锅放入浓汤,方干丝沥净水,放入浓汤中煮至柔软时放入黄酒、精盐、味精、豆苗、鸡丝烧开,装入汤盆内,撒上火腿丝即成。

3. 盛装方法

用南瓜刻一个花盆底座,把7寸窝形玻璃盘放在花架上,用10寸白色圆盘托底,南瓜底座四周点缀一些香菜叶即可。

七、菜肴特点:

色泽美观,质地柔软,味浓可口,风味独特。

八、操作关键:

1. 方干一定要用热水煮透后再切丝,否则片不薄。切好的丝一定要用开水浸泡。

2. 煮方干丝一定要用浓肉汤,否则汤味不浓。

九、相关菜肴分析:

利用此菜方法可制作煮"三丝"、"植物四宝"等菜肴。

十、思考题:

1. 简述制作煮干丝的关键。
2. 方干为什么要汆水？

水煮牛肉

一、水煮牛肉是四川传统名菜。相传，水煮牛肉的创制与自贡的井盐有一定的关系。自贡是著名的"井盐之乡"，而牛则被用作汲收盐卤的劳力，当老弱役牛被淘汰后，盐工们即地宰杀，取其肉与井盐、辣椒、花椒等一同煮而食之。后经历代厨师改进，风味更佳，深受人们喜爱，成了闻名全国的佳肴。

二、烹调方法：煮。

三、味型特点：麻辣鲜烫，咸香味。

四、原料：

主料：净牛肉250g。

配料：青笋尖100g，蒜苗75g，芹菜75g。

调料：黄酒10g，精盐5g，酱油15g，郫县豆瓣25g，味精2g，干辣椒10g，花椒5g。

辅佐料：高汤500g，湿淀粉10g，色拉油200g。

五、工艺流程：

牛肉切配成片→肉片上浆→煮制→调味→装盘→淋熟油→装盘。

六、制作过程：

1. 加工过程

(1)将肉切成4cm长、2.5cm宽的薄片，放入碗中，加黄酒、精盐、湿淀粉拌匀。

(2)青笋尖切成6cm长的片；芹菜、蒜苗切成6.5cm长的段；干辣椒切成段；豆瓣剁细。

2. 烹调过程

(1)锅置旺火上，加入少许色拉油烧至160℃，放入干辣椒、花椒煸炒至呈棕红色时捞出，用刀剁成碎末；青笋片、芹菜、蒜苗放入锅内，加精盐炒至断生装入碗内。

(2)锅置旺火上，添底油，下入豆瓣炒至油呈红色，加入高汤、酱油、味精烧沸，将肉片抖散放入，煮熟盛入碗内，盖在辅料上，再撒上花椒、辣椒碎末，用200℃热油淋入即成。

3. 装盘方法

取窝形7寸玻璃盘，把菜盛入盘内，玻璃盘下面垫上8寸白色圆形盘子即可。

七、菜肴特点：

色泽红亮，香味浓烈，肉片鲜嫩，麻、辣、烫突出，辣香四溢。

八、操作关键：

1. 炸制花椒、干辣椒时不能炸糊糊。
2. 此菜的肉片上浆要比炒肉片的湿淀粉多2/3。
3. 此菜可盛入汤盘，也可盛入汤碗中。

九、相关菜肴分析：

用此烹调方法，还可烹制出水煮鱼片、水煮猪肉片等菜品。

十、思考题：

1. 怎样加工才能使牛肉更加滑嫩？
2. 成菜后淋入沸油起什么作用？

第十六章 实习课题——氽

氽西施舌

一、西施舌又称"车蛤"、"土匙"、"沙蛤"、"海蚌",其壳呈三角形,薄而光滑,壳顶淡紫色,其形似舌,肉质细嫩鲜美,洁白如玉。

二、烹调方法:氽。

三、味型特点:咸鲜。

四、原料:

主料:净西施舌200g。

配料:冬笋片5g,菠菜心15g,香菜末3g。

调料:精盐3g,黄酒10g,胡椒粉1g。

辅佐料:高汤500g。

五、工艺流程:

西施舌浸泡→氽西施舌→制汤→装盘。

六、制作过程:

1. 加工过程

将西施舌放入冷水内泡1小时,捞出沥干水分,放入开水中氽一下,迅速捞出装入盘。

2. 烹调工程:

汤锅内下入清汤、黄酒、精盐、冬笋片、菠菜心,烧沸后撇去浮沫,放入胡椒粉、香菜末盛入汤盆内,与氽过的西施舌同时上桌,将西施舌倒入汤盆内即成。

3. 盛装方法:

采用直径为60cm的圆形银架为底座,把汤倒入直径为30cm的白色汤盆内,盖上银盖,高雅别致。

七、菜肴特点:

汤清澈,形态美观;味咸鲜微辣,质嫩爽。

八、操作关键:

1. 需选用新鲜的西施舌,并漂洗干净。

2. 西施舌入开水氽的时间应极短,一烫即捞出。上菜时,将氽过的西施舌和清汤分别同时上桌,落桌后,将西施舌快速倒入汤碗内,以保持其鲜嫩。

九、相关菜肴分析:

西施舌肉质细嫩,味美可口,最常用的烹调方法是氽,也可用炒、滑、蒸等方法烹制。一般在食用前放清水中养一段时间,让其吐净泥沙。若取西施舌净肉,置于碗内,加上鸡肉片、香菇片,加入清汤、黄酒、精盐、葱姜末上笼蒸制,即是一款风味鲜爽的"蒸西施舌";也可挂蛋清糊进行炸制,如"软炸香舌"。

十、思考题：
1. 西施舌汆制时间为什么不能过长？
2. 简述烹制西施舌菜肴的方法。

橄 榄 鱼 丸

一、在传统名菜的基础上，经工艺上的改进，现代年轻厨师制作出蟹黄鱼茸蛋、菊花鱼茸蛋、橄榄鱼丸等菜，不失为烹饪技术上的一个进步。橄榄鱼丸是在传统名菜"油泡鱼青丸"的基础上改进制作而成的。

二、烹调方法：汆。

三、味型特点：咸鲜味。

四、原料：

主料：白鱼肉400g。

配料：菜心80g，火腿片30g。

调料：精盐25g，味精5g，姜汁水100g。

辅佐料：高汤250g，湿淀粉5g。

五、工艺流程：

制鱼茸→加精盐打上劲→挤成橄榄形→养熟→另取锅烧菜心等→装汤盆内。

六、制作过程：

1. 加工过程

将鱼肉洗净剁成茸，加入姜汁水、清水，搅拌均匀后，加入精盐打上劲成鱼茸；菜心洗净。

2. 烹调过程

（1）锅中加冷水，将鱼茸挤成橄榄形鱼丸，小火养熟。

（2）另起锅，用高汤加入精盐、味精调味，放入鱼丸、熟火腿片、菜心，用湿淀粉勾芡即成。

3. 盛装方法

采用7寸圆形白色汤盆，配上银架，把汤盆放入银架上，美观高雅，鱼丸洁白。

七、菜肴特点：

汤清、味鲜，形逼真，口感滑嫩。

八、操作关键：

1. 挤鱼丸的手势（基本功）要熟练。

2. 鱼茸应尽量剁细，这样可增加吸量。

3. 茸一定要上劲，鱼丸大小要一致。

九、相关菜肴分析：

汆鱼丸是汤菜中最常见的做法，如在鱼茸中间加上冻熟油丁汆制成的菜品称"空心鱼圆"，也有将鱼茸分别用蛋黄、菠菜汁等拌匀，汆制成的"双色鱼丸"。

十、思考题：

1. 汆制时水温应控制在多少摄氏度为宜？

2. 简述"双色鱼丸"的制作方法。

第十七章　实习课题——烩

烩乌鱼蛋

一、乌鱼蛋系乌鱼卵,是烹饪中的上等原料。此菜是以烹调方法及主料名称而命名的。

二、烹调方法:烩。

三、味型:鲜咸。

四、原料:

主料:鲜乌鱼蛋500g。

配料:冬笋50g,冬菇50g,火腿50g,菜心3棵,枸杞子(湿)20g。

调料:精盐5g,鸡精3g,白胡椒粉3g,香油3g,葱、姜各15g。

辅佐料:鸡清汤600g,湿淀粉5g熟,猪油50g。

五、工艺流程:

原料选择→加工→焯水→加工→烹调→盛装。

六、制作过程:

1. 加工过程

(1)把乌鱼蛋放开水中焯水,以除去腥臊异味,焯水晾凉后切成片。

(2)冬菇、菜心、枸杞洗净;冬笋、冬菇、火腿切成柳叶片;葱、姜拍松。

2. 烹调过程

净锅上火烧热,加入熟猪油,放入葱、姜,炸香,捞出葱、姜,放入鸡清汤烧沸后,依次放入乌鱼蛋、冬笋、冬菇、火腿片、菜心、枸杞等原料,待开后依次放入调料,勾芡后淋入香油,装入玻璃汤盘内。

3. 盛装方法

把玻璃汤盘放入用香菜、萝卜花点缀的白色圆盘上,美观大方。

七、菜肴特点:

成品鲜嫩爽滑,口味鲜美,色泽鲜艳,为上等的滋补品。

八、操作关键:

1. 乌鱼蛋腥臊味要去除干净。

2. 勾芡时不宜过浓。

九、相关菜例分析:

在菜的基础上还可烩制其他原料,如三鲜豆腐羹、烩鸭舌等。

十、思考题:

1. 乌鱼蛋为什么焯水?

2. 此菜成品的色泽如何?

鱿鱼烩肉丝

一、鱿鱼烩肉丝是选用碱发鱿鱼为主料,配以猪肉丝、玉兰片丝、高级奶汤烩制而成,此菜以口感的鲜嫩和色彩的协调而深受食者的喜爱。

二、烹调方法:烩。

三、味型特点:咸鲜。

四、原料:

主料:碱发鱿鱼 250g。

配料:猪瘦肉 150g,水发玉兰片 50g,青椒 10g。

调料:黄酒 5g,精盐 5g,味精 1g,胡椒粉 0.5g。

辅佐料:蛋清淀粉浆 30g,湿淀粉 20g,奶汤 300g,熟猪油 500g(约耗 75g),熟鸡油 5g。

五、工艺流程:

鱿鱼切丝→奶汤煨→肉丝上浆划油→烩制→勾芡→装盘。

六、制作过程:

1. 加工过程

鱿鱼切成 5cm 长的丝,去掉碱味;猪肉切成 8cm 长的丝,上浆备用;玉兰片、青椒分别切丝备用。

2. 烹制过程

(1)鱿鱼丝用奶汤加黄酒烧开,小火煨至软滑即可;肉丝放入五成热的油温中滑油。

(2)锅底留油,放入玉兰片丝略炒,烹入黄酒,再放入青椒丝略炒,加入奶汤、精盐、胡椒粉,放入鱿鱼丝、肉丝烩入味,用湿淀粉勾芡,淋入鸡油即成。

3. 盛装方法

用 8 寸圆盘当底座,火龙果一切为二,再顶刀切片,围在圆盘四周,将菜肴放入凹形圆玻璃盘后,把玻璃盘放在围过边的圆形白盘上即可。白色圆盘四周红红火火与兰色玻璃盘形成反差,美观大方。

七、菜肴特点:

色彩美观,鱿鱼柔软,肉丝滑嫩,咸鲜清爽可口。

八、操作关键:

1. 鱿鱼必须涨发透,要达到柔、软、嫩,有弹性的要求,烹制时要除尽碱味。

2. 烩制时,鱿鱼不能加热过久,否则鱿鱼容易脱水变老。

九、相关菜肴分析:

以此方法烹调的菜肴有、白汁四鲜鱿鱼、鱿鱼烩四丝、韭黄瑶柱羹等菜品。

十、思考题:

1. 简述鱿鱼涨发应注意哪些问题。

2. 简述烩的特点及方法。

第十八章　实习课题——涮

涮羊肉

一、涮羊肉是北京传统名菜,又称羊肉火锅。在民间,每到秋冬季节,人们普遍喜食涮羊肉。据清代徐珂《清稗类钞》载:"(京师)人民无分教内教外,均以涮羊肉为快"。北京东来顺羊肉馆,专营涮羊肉,最有特色,从选料到加工,非常讲究,赢得了"涮肉何处嫩,首推东来顺"的赞誉。

二、烹调方法:涮。

三、味型特点:咸鲜、香辣。

四、原料:

主料:净嫩羊肉1000g。

配料:白菜250g,海米50g,海蟹100g,菠菜200g,酸菜200g,粉丝400g,冻豆腐500g。

调料:黄酒10g,精盐15g,味精10g,酱油5g,黄醋6g。

辅佐料:芝麻酱、豆腐乳、腌韭菜花、辣椒油、香菜、葱花、蒜茸各适量,鲜汤3000g。

五、工艺流程:

羊肉切片→各料加工→对制油碗→调制火锅汤→涮食。

六、制作过程:

1. 加工过程

(1)将冻制的羊肉切成薄片,整齐地码在盘内;白菜叶撕成小片,白菜帮切成长条块;酸菜切丝;菠菜切段;冻豆腐切块;海蟹斩块;粉丝用温水泡软,剪成15cm长。

(2)将芝麻酱、豆腐乳、腌韭菜花、酱油、辣椒油、黄醋、香菜末、蒜茸放入小碗中调匀。

2. 烹调过程

火锅内放满鲜汤,底部加木炭烧沸,汤中放入海米、海蟹等锅底,用精盐、味精、葱花调味,火锅同羊肉碟、各种配料、调料一起上桌,由就餐者自己涮食。

3. 盛装方法

肉类菜品用5寸白色腰盘装盛,素菜类用5寸白色圆盘装,菜肴五颜六色,用料多样,客人自由选择。油碗每人一份。

七、菜肴特点:

用料多样,荤素搭配,鲜嫩醇香;从调味到涮食,均由食者自理。

八、操作关键:

1. 选羊肉要用肥羊,肉片越薄越好。

2. 羊肉涮食时,用筷子夹放在火锅汤中略烫至变色即可,否则容易变老,失去火锅风味。

3. 油碗的调制可因人而异,咸、甜、酸、辣、香可由食者随意调制,但口味不宜过重。

九、相关菜肴分析:

火锅类基本上都属于涮,如"海鲜火锅"、"茶火锅"、"麻辣火锅"等。

十、思考题:

1. 涮火锅时加工各种原料对刀工有哪些要求?
2. 不同火锅在制汤上有什么区别?

沙 茶 火 锅

一、沙茶火锅是广东特色火锅之一,以沙茶酱、海鲜酱等各种调料经过炒制而成为火锅底料,一人一锅,主料是鲜鱼肉,随时放原料进行涮食,汤鲜味浓。

二、烹调方法:涮。

三、味型特点:咸香、咖喱味。

四、原料:

主料:鲜鱼肉400g,鸡肫250g,猪腰200g,鸡脯肉200g,菠菜15g,豆苗150g,香菜100g,白菜心150g。

调料:沙茶酱250g,黄酒15g,海鲜酱150g,柱候酱50g,茅菜150g,花生酱150g,芝麻酱50g,葱头100g,蒜肉15g,姜25g,葱25g,精盐30g,味精15g,香油5g,咖喱粉25g。

辅佐料:色拉油100g,高汤1000g。

五、工艺流程:

加工成形→装盘→制火锅汤→对制味碟→涮食。

六、制作过程:

1. 加工过程

(1)净鱼肉切成长方片;鸡脯肉去筋,猪腰去腰臊,与鸡肫均片成薄片,以上四种片称为"四生片",分别摆入盘内成"扇形"。

(2)白菜心撕小,与豌豆苗、菠菜、香菜分别洗净,装入盘内,称为"四鲜菜"。

(3)将香茅撕去老皮,切成碎粒备用。

(4)葱头剁成茸,蒜切米,姜切米,葱切葱花。

2. 烹调过程

(1)锅底留底油放入香菜炒香,加入葱头茸、葱、姜、蒜炒香,加入沙茶酱、海鲜酱、花生酱、芝麻酱、柱候酱、咖喱粉炒制,加入高汤调味即可。

(2)火锅垫上小托盘,下面放上酒精炉,吃时将酒精点燃,使锅内汤沸,食者自选原料和调味,自涮而食。

3. 盛装方法

每人桌前一炉一锅,客人可根据个人喜爱,自由选择,干净卫生,适应现代餐饮发展需要。

七、菜肴特点:

原料多样,汤鲜味浓,自选原料,自涮自食,独具风味。

八、操作关键：

1. 各种原料在加工时刀工要精细。
2. 涮食时要待锅内汤沸滚，略涮即可。

九、相关菜肴分析：

"涮"的菜品比较多，火锅类都属于涮的方法，如陕菜"回生锅子"，是将鱼肉、鸡脯肉、腰子均切成大薄片，再配制一些蔬菜、豆品类，配上各种调味品，任客人调制成碟，将高汤倒入火锅，调好咸味，点燃锅下酒精上桌，汤沸后任客人涮食，先涮主料最后放入配料，风味独特，是冬季广泛受欢迎的菜品之一。

十、思考题：

1. 涮类菜品在刀工上有什么要求？
2. 简述火锅的种类。

第十九章　实习课题——蜜汁

蜜汁莲子

一、蜜汁是将经过加工处理的原料放入由绵白糖、蜂蜜、清水熬化收浓的糖液中，经过熬制或蒸制，使甜味渗透到原料中，经收浓糖汁成菜的烹调方法。莲子具有较高的营养价值，用这种烹调方法制作后使莲子口味甘甜，质地软糯。

二、烹调方法：蜜汁。

三、味型特点：甜香。

四、原料：

主料：莲子200g。

配料：冰糖250g，蜂蜜50g，桂花酱5g。

五、工艺流程：

莲子初加工→加水蒸制→熬糖→加莲子继续蒸→盛装。

六、制作方法：

1. 加工过程

将初步加工后的莲子（去皮，去芯），洗净放入器皿中，加入适量清水，上笼蒸至酥烂。

2. 烹调过程

取净锅，将水、蜂蜜、冰糖熬溶化后，倒入盛有莲子的器皿中继续蒸制，蒸至莲子酥甜。

3. 盛装方法

将莲子捞入玻璃碗中，再将糖汁熬浓加入桂花酱浇于莲子上即成。

七、菜肴特点：

酥甜可口，色彩明快，口味醇厚，香浓。

八、操作关键：

1. 熬制蜜汁，不可使用铁锅、铝锅，应用铜锅或不锈钢锅。

2. 选料时应以新鲜成熟、滋味鲜美、富有质感的原料为主，加工时应去净皮核。

3. 熬制时掌握好糖汁的浓稠度，掌握好原料的老嫩及火候。

4. 以原料的本色为主，不要使用色素。

九、相关菜肴分析：

根据此菜肴制作方法，还可制作蜜汁银杏、蜜汁山药等。

十、思考题：

1. 什么是蜜汁？特点是什么？

2. 什么地方的莲子最好？

第十九章 实习课题——蜜汁

花 糯 米 藕

一、蜜汁的种类较多,除用蜂蜜配制外,还可用桂花酱、玫瑰酱、枣茸、椰子酱、草莓酱、杏肉酱等配制。此菜肴具有较高的营养价值,用这种烹调方法制作的菜肴口味甘甜,质地软糯。

二、烹调方法:蜜汁。

三、味型特点:甜香。

四、原料:

主料:白莲藕750g,糯米200g。

调料:桂花酱50g,绵白糖200g,蜂蜜50g。

五、工艺流程:

选料→初步加工→熬制糖汁→蒸制(熬制)→收稠糖汁→装盘→浇汁。

六、制作方法:

1. 加工过程

将糯米用清水洗净,泡软;莲藕去皮,去藕节,洗净后将泡好的糯米塞入藕孔中。

2. 烹调过程

把桂花酱、绵白糖、蜂蜜、水对成糖汁,把加工好的藕放入糖汁中加热熬制成熟,收浓糖汁。

3. 盛装方法

将加工好的糯米藕切成圆片装盘,用红樱桃点缀,将剩余的汁浇在藕上即成。

七、菜肴特点:

色泽鲜艳,口感软糯,口味醇厚,桂花味香浓。

八、操作关键:

1. 用不锈钢锅熬制蜜汁的量要多些,原料要泡在蜜汁中。

2. 选料时应以新鲜成熟、滋味鲜美、富有质感的原料为主。

3. 熬制时要掌握好糖汁的浓稠度,掌握好原料的老嫩及火候。

4. 以原料的本色为主,不要使用色素。

九、相关菜肴分析:

根据此菜肴制作方法,还可制作吊地瓜、蜜汁芋头等。

十、思考题:

1. 用其他的米是否可以做此菜肴?

2. 烹制此道菜的关键是什么?

以汽为传热介质篇

第二十章　实习课题——蒸

第一节　清蒸

红袍雪蛤

一、此菜中雪蛤质地软嫩，红枣甜糯，采用清蒸的方法能够提高其营养价值。

二、烹调方法：清蒸。

三、味型特点：甜香。

四、原料：

主料：涨发好的雪蛤 250g。

配料：小红枣 100g。

调料：冰糖 250g。

五、工艺流程：

原料洗净→放入器皿→加冰糖、水→蒸制→盛装。

六、制作方法：

1. 加工过程

将涨发好的雪蛤洗净；将红枣洗干净，用热水烫一下。

2. 烹调过程

红枣和冰糖放入器皿中，加入适量的水，上笼蒸约 1.5 小时；然后将雪蛤和红枣放入器皿中，加入适量的水，上笼再蒸约 1 小时；将蒸好的原料倒入白色的玻璃碗中。

3. 盛装方法

将菜肴装在玻璃器皿中，点缀上红樱桃，美观大方。

七、菜肴特点：

口味甘甜清爽，口感细嫩，菜肴红白相间，器皿晶莹透彻。

八、操作关键：

1. 雪蛤要涨发透。

2. 蒸红枣时以软糯为度。

九、相关菜肴分析：

根据此菜肴制作方法，还可制作冰糖莲子、八宝甜饭等。

十、思考题：

1. 此菜为什么用冰糖，而不用其他的糖？

2. 此菜有何食疗作用？

清蒸加吉鱼

一、加吉鱼肉质鲜嫩，采用清蒸的方法能够突出其本味，保持原料的营养价值。

二、烹调方法：清蒸。

三、味型特点：鲜咸。

四、原料：

主料：加吉鱼1条（约750g）。

配料：熟火腿片25g，冬菇10片，玉兰片25g，香菜10g。

调料：葱段10g，姜片10g，黄酒10g，精盐5g，白胡椒粉1g，鱼露5g，美极鲜酱油5g，味精1g。

辅佐料：猪网油1张，高汤250g。

五、工艺流程：

原料初步加工→刀工处理→浸渍调味→加热处理成熟→装盘→调味→点缀→装盘。

六、制作方法：

1. 加工过程

将加吉鱼进行初步加工后洗净，将鱼的正面剞小翻刀花刀，反面剞斜一字形花刀，然后用黄酒、精盐、葱、姜腌渍；将鱼放入器皿中，在鱼身上放上火腿片、玉兰片、香菇（按顺序码放好），然后放葱、姜、精盐、味精、白胡椒粉，最后放上猪网油，加入高汤。

2. 烹调过程

将鱼上蒸笼，用中火蒸15分钟，将猪网油、葱、姜拣去，将鱼放入玻璃鱼盘中。将汤汁倒入炒锅中，加鱼露、美极鲜酱油烧开，调好口味，淋在鱼身上。再将葱、姜丝放在鲜上面。炒锅中放底油烧热，淋在葱、姜丝上即可。

3. 盛装方法

鱼放入长方形玻璃鱼盘中，周围用香菜点缀，鱼头嘴部放一牡丹花即可。

七、菜肴特点：

口味清鲜，口感软嫩，色泽鲜艳。

八、操作关键：

1. 鱼身剞花刀要剞均匀。

2. 蒸鱼时间不宜太长。

九、相关菜肴分析：

根据此菜肴制作方法，还可制作清蒸鳜鱼、清蒸鳗鱼等。

十、思考题：

1. 此菜包网油的目的是什么？

2. 制作这道菜时为什么不能长时间蒸制？

第二节 粉蒸

粉 蒸 肉

一、猪肉用此种方法烹调后不会产生油腻感,营养成分更丰富。
二、烹调方法:粉蒸。
三、味型特点:咸鲜香甜。
四、原料:
主料:带皮猪五花肉 500g。
配料:米粉 250g。
调料:葱 5g,姜 5g,绵白糖 10g,黄酒 50g,甜面酱 50g,酱油 25g,精盐 5g。
五、工艺流程:
五花肉加工成片→加调料腌制→拌米粉→蒸制→装盘。
六、制作方法:
1. 加工过程
先将五花肉洗净,切成长方厚片,用葱、姜、绵白糖、黄酒、甜面酱、酱油、精盐拌好调味,腌渍 30 分钟。
2. 烹调过程
将腌好的肉片与米粉拌匀后,肉皮朝下码放在器皿中,上笼蒸 3 小时取出即可。
3. 盛装方法
将米粉肉扣装在玻璃煲中,四周用生菜丝点缀,形状美观。
七、菜肴特点:
肉质酥烂,肥而不腻,原汁原味,口味醇厚。
八、操作关键:
1. 肉片大小、厚薄要一致。
2. 腌制要入味。
3. 蒸制时以蒸透出油为度。
九、相关菜肴分析:
根据此菜肴制作方法,还可制作米粉鱼、米粉羊肉等。
十、思考题:
1. 此菜为什么会肥而不腻?
2. 此菜蒸制的时间为什么要长?

粉 蒸 鸭 条

一、鸭肉用此种方法烹调后,肥香而不油腻,酥而不烂,营养成分丰富。
二、烹调方法:粉蒸。

三、味型特点:鲜咸香甜。

四、原料:

主料:北京填鸭1只(约1500g)。

配料:米粉500g。

调料:葱10g,姜10g,绵白糖15g,黄酒50g,甜面酱50g,酱油50g,精盐10g。

五、工艺流程:

原料刀工处理→焯水→调味腌渍→拌制米粉→码放→蒸制→装盘。

六、制作方法:

1. 加工过程

先将鸭子进行初步加工,洗净,切成长10cm、宽3cm的长方块后,焯水,将焯水后的鸭条用葱、姜、绵白糖、黄酒、甜面酱、酱油、精盐拌好调味,腌渍1小时。

2. 烹调过程

将腌好的鸭条与米粉拌均匀,皮朝下码放在器皿中,上笼蒸3.5小时,将蒸好的鸭条扣入玻璃煲中即可。

3. 盛装方法

将鸭条扣装在玻璃煲中,四周用生菜丝点缀,形状美观。

七、菜肴特点:

肉质酥烂、鲜香醇厚。

八、操作关键:

1. 鸭条改刀大小要一致。

2. 选鸭子要选肥一点的鸭子。

九、相关菜肴分析:

根据此菜肴制作方法,还可制作米粉鱼、米粉羊肉等。

十、思考题:

1. 为什么要选肥一点的鸭子?

2. 此菜蒸制的程度应如何把握?

第三节 包蒸

芭蕉腊味合蒸

一、包蒸即原料加工处理后,经调制入味,用荷叶(或其他原料)等包裹后上笼蒸制成熟的一种烹调方法。此菜将芭蕉的清香和多种腊味的腊香合二为一蒸制,形成鲜美的味道。

二、烹调方法:包蒸。

三、味型特点:咸鲜香。

四、原料：

主料：腊鸡肉 100g，腊鲤鱼 100g，腊猪肉 200g。

调料：熟猪油 50g，豆豉 20g，干辣椒 10g，味精 1g，黄酒 10g。

辅佐料：高汤 100g，芭蕉叶 1 张。

五、工艺流程：

原料刀工处理→加调味品腌制→蒸制→装盘。

六、制作方法：

1. 加工过程

腊鸡去骨，腊肉去皮，腊鱼去鳞，均洗净略泡去盐味后，分别切成 3cm 长、2cm 宽、0.5cm 厚的长方形片。将芭蕉叶涨发好，修齐放入器皿中备用。

2. 烹调过程

将腊鸡、腊肉、腊鱼放在芭蕉叶上分别码放好，加猪油、高汤、味精、黄酒、豆豉、干辣椒，将芭蕉叶包好，入笼蒸约 1 小时，蒸好即可。

3. 盛装方法

将菜肴扣装在鲍鱼盘中，用香菜、牡丹花点缀，形状美观。

七、菜肴特点：

鲜香醇厚，色泽美观。

八、操作关键：

1. 三种原料的形状大小要一致。

2. 原料要先经初步熟处理并调好口味。

3. 原料包裹得要严紧，不可漏气，以免消弱原料的清香味。

九、相关菜肴分析：

根据此菜肴制作方法，还可制作荷叶蒸肉、荷香排骨等。

十、思考题：

1. 腊味主料为什么要先泡一泡？

2. 此菜的风味有何特点？

荷香哈士蟆

一、此菜具有较高的营养价值，加之荷叶的清香味更具特色。

二、烹调方法：包蒸。

三、味型特点：鲜、咸、清香。

四、原料：

主料：涨发后的哈士蟆 500g。

副料：水发香菇 10 朵。

调料：姜片 10g，葱段 10g，黄酒 5g，香油 5g，白胡椒粉 5g，精盐 10g，味精 1g，豉油 5g，生抽 5g。

辅佐料：荷叶 1 张，干淀粉 10g。

五、工艺流程：

原料初加工→调味→包裹→上笼蒸→装盘。

六、制作方法：

1. 加工过程

（1）香菇涨发好后，加工整理好，控干水分；荷叶涨发好。

（2）将涨发好的哈士蟆整理好，加精盐、味精、生抽、豉油、黄酒、白胡椒粉、干淀粉拌均匀，再加香油、香菇、姜片、葱段拌均匀。

（3）荷叶修成椭圆的锯齿形，取长碟横放水草一条，将荷叶摊开放在水草上面。

2. 烹调过程

将调味后的哈士蟆放在荷叶上包裹成长方形，用水草扎紧入笼，用中火蒸10~15分钟至熟，取出，淋入香油，去掉水草即可。

3. 盛装方法

连荷叶同放在白圆盘中，揭开荷叶，四周用香菜点缀即可。

七、菜肴特点：

口味清香，口感软糯。

八、操作关键：

1. 原料加工的形状不要过小，荷叶应先泡软。

2. 原料要先涨发处理并调好口味。

3. 原料包裹得要严紧，不可漏气，以免减弱原料的清香味。

九、相关菜肴分析：

根据此菜肴制作方法，还可制作荷叶蒸鱼、荷香牛蛙等。

十、思考题：

1. 哈士蟆没涨发透会出现什么效果？

2. 除荷叶外，还有什么其他东西可做包裹原料？

以热空气或其他为传热介质篇

水浒后传

陈忱 撰

第二十一章 实习课题——烤

第一节 暗炉烤

烤 鸭

一、暗炉烤又称挂炉烤,是把所烤制的原料挂在烤钩或叉上,放入炉体内,悬挂在火源的上方,封闭炉门,利用火的辐射热将原料烤制成熟的一种独特的烹调方法。

二、烹调方法:暗炉烤。

三、味型特点:咸鲜香。

四、原料:

主料:北京填鸭1只(约2000g)。

配料:春饼500g,葱丝250g,黄瓜条250g,甜面酱250g。

调料:糖汁(饴糖、白糖和水调和而成)500g。

五、工艺流程:

选料→宰杀→打气→掏膛→洗膛挂钩→烫皮、挂糖汁→晾皮→灌水→烤制→刀工处理→装盘。

六、制作方法:

1. 加工过程

(1)宰杀。将鸭宰杀整理(必须将食管和气管全部割断),洗净,斩去双脚爪、鸭翅膀尖端。给鸭打气(从喉管开刀处拉出食管,用左手拇指顺着食管外面向胸脯推入,使食管与周围的膜分开,不要拉断,目的在于使鸭在烤时受热均匀,成熟后皮脆肉嫩,是烤鸭的一道重要工序)。掏膛应选择"腋开"(将内脏取净,注意开口不能太大)。洗涤鸭内腔采用灌水清洗法,应掏净残肠,然后用一根长10cm、直径1.7cm左右的高粱秆(或小木条)塞入鸭腹,顶在叉骨上,撑紧鸭皮,使鸭在烤时不致缩小,将钩穿入鸭的颈骨。

(2)烫皮、挂糖、晾皮。用沸水浇淋鸭全身,使鸭皮受热紧缩,将糖汁淋遍鸭子全身,然后将鸭子挂在风口处晾干(如果鸭子的水分不吹干,则烤后皮不松脆,影响质量,以使鸭子烤后皮酥脆,色泽美观)。

(3)灌水。先将木塞将鸭肛门塞住,然后从右腋刀口处灌入沸水,目的在于烤制时内煮外烤,成熟快,鸭肉鲜嫩。

2. 烹调过程

将鸭挂入已生好的大火炉内烤制。烤时应根据鸭身不同部位的老嫩及上色情况,随时转变鸭所在的挂炉方位,使其受热均匀,其烤制时间的长短,应根据鸭的大小、肥瘦、性别及上市季节来决定。一般烤约 30~40 分钟,鸭烤成均匀的棕黄色,重量比入炉时减轻约 1/10 即为烤好,待达到皮酥脆里熟嫩时即取出。

3. 盛装方法

食用时将鸭皮及肉片成片摆在白色盘中,配甜面酱、葱段、瓜条和薄饼上桌。

七、菜肴特点:

色泽枣红,皮脆肉嫩,本味浓厚,干香不腻。

八、操作关键:

1. 原料需涂抹饴糖或其他调味品,挂置通风处吹干表皮再烤制。
2. 烤制食品之前要先将炉温升高,再装入原料。
3. 炉温的高低,要视所烤原料的质地、多少和炉的面积大小而定。
4. 炉体积大而原料少,温度要低些,腌渍主料所用调料色深和加糖多者,炉温应低,反之则高。
5. 原料入炉之后,要不断使其转动,以便上色均匀。

九、相关菜肴分析:

根据此菜肴制作方法,还可制作烤鹅、烤乳猪等。

十、思考题:

1. 什么是烤?烤的特点是什么?
2. 此菜的风味特点是什么?

叉烧肉

一、此菜做法可使肉的鲜美味突出,腥膻味去除,口味独特,色泽美观。

二、烹调方法:烤。

三、味型特点:咸鲜香。

四、原料:

主料:猪腿肉 1000g。

调料:绵白糖 75g,生抽 20g,大茴香末 10g,葱、姜各 50g,香叶 5g,香芹 100g,老抽 10g,精盐 10g,白酒 15g,饴糖 100g。

五、工艺流程:

选料→原料初步加工→刀工处理→调味腌渍→穿钩→烤制→切片→装盘。

六、制作方法:

1. 加工过程

(1)将肉去皮,切成长约 30cm、宽约 3cm、厚 2cm 的肉条,将全部调料放入盆内拌匀,然后将切好的肉条放入搅拌均匀,腌制 3 小时左右。

(2)将腌好的肉条逐一串在叉钩上,穿时应将肥、瘦肉都穿入钩中,以免烤制时肥肉脱钩。

2. 烹调过程

肉穿好后,将叉钩逐排挂入叉烧炉内,将熟时将叉钩转一面,这样可免肥肉失油过多而影响质量,入炉后即将炉门盖紧,火力要先弱后强,并经常注意变化,不要使火力过强或过弱,大约烤半小时,至肉条呈金黄色时取出,蘸匀饴糖即成。

3. 盛装方法

盛装时切成薄片码在白色盘中,周围用黄瓜片、红樱桃点缀即可。

七、菜品特点:

色泽金黄,肉质焦香,咸甜蜜香。

八、操作关键:

1. 烤制食品之前要先将炉温升高,再装入原料。

2. 炉温的高低,要视所烤原料的质地、多少和炉子的面积大小而定。

3. 炉体积大而原料少,温度要低些;腌渍主料所用调料色深并加糖多者,炉温应低,反之则高。

4. 原料入炉之后,要不断转动,以便上色均匀。

九、相关菜肴分析:

根据此菜肴制作方法,还可制作叉烧牛肉、烤羊肉等。

十、思考题:

1. 烤制时火力为什么要先弱后强?

2. 此菜的装盘方法有几种?

第二节 明炉烤

烤海鲜串

一、明炉烤又叫明烤,是指将原料放在敞口的火炉或火盆上烤炙,并不断翻动原料,使原料成熟的一种烹调方法。此种烹调方法可使原料的鲜味突出,增加营养价值。

二、烹调方法:明炉烤。

三、味型特点:鲜咸香。

四、原料:

主料:大海虾500g,鲜带子500g,墨鱼500g。

辅料:洋葱1个,青、红椒各2个,口蘑250g。

调料:蒜25g,安德夫2.5g,香叶5g,生抽5g,辣酱油5g,美极鲜辣酱10g,红酒50g,HP酱10g,色拉油250g,白胡椒粉2.5g,黄酒10g,绵白糖5g,精盐5g,芹菜100g。

五、工艺流程:

原料初加工→腌制→穿串→烤制→装盘。

六、制作方法:

1. 加工过程

(1)将大虾、带子、墨鱼分别进行初步加工,洗净;洋葱切一半丝一半片,蒜、青红椒、口蘑切成厚片;芹菜切成长3cm的长段。

(2)将大虾、带子、墨鱼分别放入盆中,加入蒜、安德夫、香叶、干辣椒、生抽、美极鲜辣酱、HP酱、白胡椒粉、黄酒、绵白糖、芹菜段、洋葱丝,与大虾、带子、墨鱼一起搅拌均匀,再用色拉油拌匀,腌制1小时左右。

(3)用带木把的铁钎子将大虾、带子、墨鱼、口蘑、青红椒、洋葱分别隔离地串起。

2. 烹调过程

把串好的海鲜串架在明炉上(火力要先猛后分散)烤制,在烤制的过程中要不断地翻动海鲜串,并在海鲜串上抹上色拉油,以保持海鲜串的油润,烤制到色泽金黄、肉出香味即好。

3. 盛装方法

将烤好的海鲜串放到银色的方盘中,四周围放上生菜丝和法香。

七、菜肴特点:

色彩鲜艳,口味芳香,口感细嫩。

八、操作关键:

1. 明炉敞口,火力分散,烤制菜肴时要随时翻动,以调节火力的大小。
2. 烤制大型的原料所需时间较长,要勤加碳以保持火力。
3. 开始烤制主料时火力要集中,待将主料烤至七八成熟时,再将木炭分散在明炉四周,使火力均匀,将主料烤熟、烤透。

九、相关菜肴分析:

根据此菜肴制作方法,还可制作烤羊肉串、烤鸡腰等。

十、思考题:

1. 腌制原料的目的是什么?
2. 烤制时火力应怎样控制?

烤 比 目 鱼

一、此种烹调方法可使原料的鲜味突出,保持本味,增加营养价值。

二、烹调方法:明炉烤。

三、味型特点:鲜咸香。

四、原料:

主料:小比目鱼10条(每条约200g)。

调料:葱、姜各25g,精盐25g,黄酒25g,孜然25g,辣椒粉25g,色拉油100g。

五、工艺流程:

原料初步加工→刀工处理→腌渍→穿钎→烤制→装盘。

六、制作方法:

1. 加工过程

将比目鱼初步加工后洗净,加入葱、姜、黄酒、精盐搅拌均匀,抹上食用油,将鱼腌制约1小时;然后用带木把的铁钎子将腌制好的鱼分别串上(一根铁钎子串一尾鱼)。

2. 烹调过程

(1)把穿好的鱼串架在明炉上(火力要先猛后分散)烤制,在烤制的过程中要不断的翻动鱼串,并串抹上色拉油,以保持鱼串的油润,烤制到色泽金黄、鱼肉出香味时即好。

（2）根据口味的不同在烤制的过程中可以适当加入精盐、孜然、辣椒粉。

3. 盛装方法

将烤好的鱼放到银色的鱼盘中，四周围上生菜丝。

七、菜肴特点：

色彩鲜艳，口味芳香，口感细嫩。

八、操作关键：

1. 烤制菜肴时要随时翻动，并注意调节火力的大小。

2. 烤制原料所需时间要掌握好，保持形整，并勤加碳以保持火力。

3. 开始烤制时火力要集中，待将主料烤至七八成熟时，再将木炭分散在明炉四周，使火力均匀，将主料烤熟烤透。

九、相关菜肴分析：

根据此菜肴制作方法，还可制作烤羊排、烤肉条等。

十、思考题：

1. 烤制比目鱼时应注意什么？

2. 烤制时的火力应如何注意？

第三节 烤箱烤

蔬菜烤目鱼

一、烤箱烤是把经加工整理的原料放在烤盘里，入烤箱烤制成熟的一种方法。烤箱的体积较小，烤箱的火力不直接与原料接触，而是隔离烤制，所以适宜烤制一些形体小的鱼、肉等原料。此菜中目鱼的鲜美味和多种蔬菜的清鲜味相结合，使菜肴美味更加突出。

二、烹调方法：烤箱烤。

三、味型特点：鲜咸味。

四、原料：

主料：比目鱼1尾（约500g）。

配料：芹菜50g，胡萝卜50g，青、红椒各50g，水发香菇50g，番茄50g，玉兰片50g，洋葱50g。

调料：蒜末25g，黄酒50g，精盐25g，番茄沙司50g，生抽25g，鱼露20g，美极鲜酱油10g，色拉油50g。

五、工艺流程：

原料初加工→炒副料→烤制→装盘。

六、制作制法：

1. 加工过程

先将目鱼初步加工，洗干净，两面都剖上斜一字花刀；各种辅料洗干净，全部切成0.5cm见方的小丁。

2. 烹调过程

(1)锅中放色拉油,先放蒜末,煸出香味后放调料,再放所有切好的辅料,翻炒均匀。

(2)将烤盘先烤热,底部抹上色拉油,将目鱼放在烤盘上,再将炒好的辅料均匀地放在目鱼上。

(3)将烤盘放入烤箱内,上、下火均定在200℃上烤15分钟后,把上火改为180℃再烤10分钟即可。

3. 盛装方法

将烤好的鱼拖入大的银色鱼盘中,四周摆上柠檬片和红、绿色车厘子,最后将盘子放在托盘上。

七、菜肴特点:

口味清鲜,色彩明快,肉质软嫩,营养丰富。

八、操作关键:

1. 用于烤制的原料要鲜嫩,形体不可过大。
2. 如所烤制的原料在烤时上色不一,可在深色处覆盖一些其他原料。
3. 先用大火给原料上色至八成,再用小火焖烤。
4. 所烤制的原料质地较老,烤制时可在烤盘中多放一些卤汁或汤,连烧带烤才容易熟透。
5. 烤制菜肴最好现烤现吃,不可久留。

九、相关菜肴分析:

根据此菜肴制作方法,还可制作烤肉排、烤鸡等。

十、思考题:

1. 用烤箱烤制原料有什么好处?
2. 烤箱烤和明炉烤有什么区别?

蜀香太子骨

一、烤箱既能烤制菜品,又能烤制糕点。烤箱烤制的菜肴,味甘美而醇香,可使肉的鲜美味突出、腥膻味去除,口味独特,色泽美观。

二、烹调方法:烤箱烤。

三、味型特点:鲜咸香。

四、原料:

主料:猪肋排1000g。

配料:洋葱50g,胡萝卜25g,香芹25g,水发香菇20g。

调料:大蒜25g,香叶5g,干辣椒5g,精盐25g,白胡椒粉20g,辣椒粉10g,南乳10g,黄酒50g,生抽50g,万字酱油50g,安德夫5g。

辅佐料:色拉油50g,饴糖15g。

五、工艺流程:

原料刀工处理→腌渍调味→装入烤盘→烤制→装盘。

六、制作方法:

1. 加工过程

(1)将肋骨初步加工,洗干净,改成条状,加安德夫腌制1小时。

(2)将腌制好的肋骨用水冲净;洋葱切丝;蒜、香菇、胡萝卜切成厚片;香芹切成3cm长的段。

(3)洗净的肋骨放入盆中,加入蒜、香叶、干辣椒、生抽、万字酱油、白胡椒粉、辣椒粉、黄酒、芹菜段、洋葱丝、香菇、胡萝卜与肋骨一起搅拌均匀,再加色拉油拌匀,腌制1小时左右。

2. 烹调过程

将烤炉升温加热至220℃,将腌制好的肋骨放入涂抹好底油的烤盘中,放入烤箱内(上、下火同时控制在220℃)烤制10分钟后,温度调至160℃烤制20分钟,待原料成熟,再将温度调至200℃使表皮上色。

将烤好的菜肴端出烤箱,把各种辅料去掉,在其表面上涂抹上饴糖。

3. 盛装方法

将菜肴装在银色的方盘中,用香菜叶、红樱桃点缀即可。

七、菜肴特点:

色泽红润,口味浓厚,酥香软嫩

八、操作关键:

1. 用于烤制的原料要鲜嫩,形体不可过大。

2. 先用大火给原料上色至八成,再用小火焖烤。

3. 烤制时可在烤盘中多放一些卤汁或汤,连烧带烤才容易熟透。

4. 烤制菜肴最好现烤现吃,不可久留。

九、相关菜肴分析:

根据此菜肴制作方法,还可制作烤鲳鱼、烤鸡排等。

十、思考题:

1. 为什么要调节好烤箱的温度?

2. 此菜制作时应注意什么?

第四节 微波烤

酒烤黄鱼

一、微波烤是使用微波炉的磁控管所产生的超高频率微波,快速震荡食物内的蛋白质、脂肪、糖类、水等分子,使分子之间相互碰撞、挤压、磨擦重新排列组合,是靠食物本身内部的磨擦生热原理,使原料成熟的一种烹调方法。此方法能保持原料的原汁原味,使其色泽美观。

二、烹调方法:微波烤。

三、味型特点:鲜咸香。

四、原料:

主料:黄鱼1条(约750g)。

调料:白酒25g,酱油15g,黄酒10g,香油50g,葱、姜各10g,精盐5g,味精5g,白胡椒粉5g。

五、工艺流程:

原料初加工→腌制→包鱼→烤制→装盘。

六、制作方法:

1. 加工过程

(1)将鱼开膛去鳞腮,洗净。

(2)在鱼两面剞上斜一字花刀,加调料将鱼腌渍约2小时。

2. 烹调过程

把葱、姜码在烤盘内成一排,把鱼放在葱、姜上面,把腌鱼的卤汁浇在鱼身上,上面包好锡纸,把鱼盘放在微波炉里(微波炉调到烧烤档)约4分钟即熟,取出鱼后把锡纸去掉,把鱼拖到鱼盘中。

3. 盛装方法

将鱼装在白色盘中,用香菜叶、细姜丝、红樱桃点缀即成。

七、菜肴特点:

口感细腻,口味清香,营养丰富。

八、操作关键:

1. 鱼要加工干净,剞花刀时花刀不要过深。

2. 锡纸一定要包裹严谨不要有裸露的地方。

3. 掌握好烤制的时间。

九、相关菜肴分析:

根据此菜肴制作方法,还可制作烤鱼排、烤鸡脯等。

十、思考题:

1. 烤黄鱼时为什么要用锡纸包好?

2. 微波烤有什么特点?

豉油皇乳鸽

一、微波烤的特点是能保持食物原有的色、香、味与营养成分,速度快,节时,节能。

二、烹调方法:微波烤。

三、味型特点:咸鲜香。

四、原料:

主料:乳鸽2只(约重500g)。

配料:洋葱50g,胡萝卜25g,香芹25g,大蒜25g,香叶5g,水发香菇20g。

调料:生抽10g,老抽5g,黄酒5g,绵白糖5g,香油10g,精盐2g,葱、姜各5g。

五、工艺流程:

原料刀工处理→腌渍→烤制→装盘。

六、制作方法：

1. 加工过程

乳鸽进行初步加工，洗净；把洋葱、胡萝卜、香芹、大蒜、水发香菇切成片；将加工好的乳鸽加洋葱、胡萝卜、香芹、大蒜、水发香菇、香叶和调料搅拌均匀，腌制约 1 小时。

2. 烹调过程

将腌制好的乳鸽放在烤盘上，用锡纸覆盖严，放入微波炉（微波炉调到烧烤档）烤约 15 分钟即熟。取出烤好的乳鸽，把锡纸去掉，抹上香油，把乳鸽放到盘中。

3. 盛装方法

将乳鸽改刀，装在深色盘中，拼成原状，用牡丹花、红樱桃点缀即可。

七、菜肴特点：

口感酥香，色泽金黄，口味醇厚，营养丰富。

八、操作关键：

1. 烤制时要将原料转一次方向以便使原料烤制均匀。
2. 腌制时要使原料腌制均匀、上色均匀。
3. 锡纸一定要包裹严谨不要有裸露的地方。
4. 掌握好烤制的时间。

九、相关菜肴分析：

根据此菜肴制作方法，还可制作烤鸡腿、烤鸡翅等。

十、思考题：

1. 微波烤操作上要注意什么？
2. 微波烤的原理是什么？

第二十二章　实习课题——焗

盐焗鸡

一、盐焗是焗法之一,是把经加工整理腌渍入味的主、副料用纸包裹起来,埋入炒至带焦香味的热盐粒中使其成熟的一种烹调方法。此烹制方法独特,使菜肴保持原汁原味。

二、烹调方法:盐焗。

三、味型特点:咸鲜香。

四、原料:

主料:肥嫩子母鸡1只(约1250g)。

调料:姜片5g,葱段10g,香菜段25g,精盐10g,味精10g,八角末2.5g,香油5g,沙姜末2.5g,猪油100g。

辅佐料:粗盐2500g,色拉油15g,绵纸2张。

五、工艺流程:

原料初加工→腌制→炒盐→焗鸡→装盘。

六、制作方法:

1. 加工过程

(1)用小火烧热炒锅,放入精盐2g炒热后,放入沙姜末拌匀取出,放入熟猪油,即成沙姜油盐,盛入玻璃碗中供佐餐食用。

(2)将猪油、精盐、香油、味精调成味汁,取绵纸一张刷上色拉油待用。

(3)将鸡进行初步加工,洗净,吊起晾干水分后在翼膀两边各划一刀,在颈骨上剁一刀(不要剁断)。

(4)用盐擦均匀鸡腔内部,加入葱、姜、八角末,先用未刷油的绵纸裹好,再包上已刷过油的绵纸。

2. 烹调过程

用旺火烧热炒锅,放入粗盐炒至盐温度很高,略呈红色时,取出1/4放入沙锅内,把鸡放在精盐上,然后将其余的盐盖在鸡的上面,加上锅盖,用小火焗约20分钟至鸡成熟。把鸡取出,去掉绵纸,剥下鸡皮,将肉撕成块,骨拆散,加入味汁拌均匀即可。

3. 盛装方法

将鸡改刀装在深色盘中,骨在底下,肉在中间,皮盖在上面,码放成鸡的形状,用香菜叶、红樱桃点缀即可食用时佐以沙姜油盐。

七、菜肴特点：

骨酥、肉香、味浓，整齐美观，别有风味。

八、操作关键：

1. 盐焗是利用盐粒的余热将主料"焗"熟的，因此选料应肥而嫩，不可老而瘦，否则不易成熟，焗后味不美。

2. 用纸包裹原料不可松大，盐粒不可少，必须埋没包裹原料用的纸包。

3. 盐炒的温度要高，否则难以将原料焗熟。

4. 腌渍时必须均匀，使原料入味。

九、相关菜肴分析：

根据此菜肴制作方法，还可制作盐焗乳鸽、盐焗凤翅等。

十、思考题：

1. 盐焗属于什么地方的特色烹饪方法？
2. 用粗盐制作和用细盐制作有什么不同？

盐 焗 大 虾

一、焗是广东菜的烹调方法之一，以盐焗为代表，成品口味浓香。其他方法还有水焗、汽焗、烤焗、炒焗等。

二、烹调方法：盐焗。

三、味型特点：鲜咸香。

四、原料：

主料：大虾 10 只（约重 1000g）。

调料：姜片 5g，葱段 10g，精盐 10g，味精 5g，香油 5g，沙姜粉 2.5g，生抽 5g，鱼露 5g，黄酒 5g。

辅佐料：粗盐 2500g，色拉油 15g，干淀粉 10g，绵纸 10 张，竹签 10 根。

五、工艺流程：

原料初步加工→刀工处理→腌制→包裹原料→炒盐→焗制→装盘。

六、制作方法：

1. 加工过程

（1）将大虾初步加工（须、爪、沙袋、沙线要去净），洗净。

（2）大虾中加入葱、姜、精盐、味精、沙姜粉、生抽、鱼露、黄酒、干淀粉拌均匀，最后放入香油、色拉油拌匀，腌制 1 小时左右。

（3）将腌制好的大虾用竹签逐个穿好，再用锡纸包裹好。

2. 烹调过程

用旺火烧热炒锅，放入粗盐炒至盐温度很高，略呈红色时，取出 1/4 放入大的沙锅内，把虾放在盐上，然后将其余的盐盖在虾的上面，加上锅盖，用小火焗约 20 分钟至虾成熟。

3. 盛装方法

将虾码在深色盘中，摆成蝴蝶状，用香菜叶、红樱桃点缀即可。

七、菜肴特点：

口味清香，肉质鲜嫩，色彩美观，别有风味。

八、操作关键：

1. 选料应整齐均匀、大小一致，否则不易成熟。
2. 用锡纸包裹原料不可松大，盐粒不可少，必须埋没包裹原料的纸包。
3. 盐炒的温度要高，否则难以将原料焗熟。
4. 腌渍时必须均匀，使原料入味。

九、相关菜肴分析：

根据此菜肴制作方法，还可制作盐焗排骨、盐焗鲳鱼等。

十、思考题：

1. 盐焗的特点是什么？
2. 还有其他什么焗法？

第二十三章　实习课题——熏

樟茶鸭子

一、熏，是将已经腌渍入味的生料或经过卤、炸、蒸、煮等方法处理的主料，放入熏制的容器内，利用熏料封闭加热后不完全燃烧而碳化生烟吸附在原料表面的原理，以增加菜品烟香味和色泽的一种烹调方法。也有将主料先用烟熏而后再用其他方法烹制的。

二、烹调方法：熏。

三、味型特点：鲜咸香。

四、原料：

主料：填鸭1只（重约2000g）。

调料：葱50g，姜25g，黄酒50g，黄醋25g，花椒10g，甜面酱50g，精盐100g，香油25g，绵白糖15g。

辅佐料：色拉油1500g（实耗100g），荷叶饼250g，柏木锯末若干，香片茶叶10g。

五、工艺流程：

原料初加工→腌制→晾干→熏制→蒸制→油炸→装盘。

六、制作方法：

1. 加工过程

（1）将鸭子进行初步加工后，开膛取内脏，去舌、掌、臊和半段翅尖，洗净，控净水。

（2）用精盐、花椒在鸭体内外揉搓（肉厚部位多抹精盐），再将黄醋、黄酒掺在一起抹在鸭皮和鸭肚内，然后把鸭子放在容器内腌12小时。

（3）将腌好后的鸭子取出，用布擦净、晾干。

2. 烹调过程

（1）往锅内放入锯末，将茶叶放在锯末上面，上放一个铁箅子，再将锯末点燃，待锅底烧红冒烟时，将鸭子放入，盖严盖，至鸭皮熏至上色为止。

（2）将熏过的鸭子放容器中，加入葱、姜上屉，在旺火上蒸2小时，然后取出，挑出葱、姜，控出汤汁。

（3）将甜面酱加白糖炒香或蒸透，晾凉，滴入香油拌均匀，盛入小碟。

（4）色拉油烧热，待鸭子炸至皮酥脆内熟透捞出。

3. 盛装方法

将鸭子剁成条状，盛入垫有生菜的白色盘中，取甜面酱、葱丝、荷叶饼随同上桌。

七、菜肴特点：

香味浓郁，后味深厚，冷、热食用均可。

八、操作关键:

1. 熏制菜肴时应先将燃料在锅中点燃使之冒烟,再将熏菜主料放在熏锅上。

2. 一定要将熏的主料的表面的水分晾干,然后逐个码在箅子上,并注意不要重叠。

3. 在锅底内撒入熏料后,将摆好主料的箅子端入锅中,封闭盖紧,以防跑烟。

4. 严格控制火候并掌握好熏制时间,否则色泽过重,会使主料带有煳味。

九、相关菜肴分析:

根据此菜肴制作方法,还可制作熏鸡、熏鱼等。

十、思考题:

1. 鸭子熏制前为什么要腌制?

2. 熏制食品的风味如何?

香 熏 鸡 翅

一、熏菜所用的燃料都是带有芳香味的物质,常用的有花茶、大米、锅巴、松柏枝、黄豆、食糖、木屑、锯末、花生壳、核桃壳等。

二、烹调方法:熏。

三、味型特点:咸鲜香。

四、原料:

主料:鸡翅 750g。

调料:香油 5g,白糖 10g。

辅佐料:红卤汤 1000g,红茶 5g,锯末 50g,大米 50g。

五、工艺流程:

选料初步加工→刀工处理→腌渍→熏料放入熏锅→熏制→出锅→刀工处理→装盘。

六、制作方法:

1. 加工过程

(1)将鸡翅洗净,放开水内焯一下捞出。

(2)将焯水后的鸡翅放入烧开的红卤汤中,用小火煮熟后取出,沥净水分。

2. 烹调过程

将绵白糖、红茶、锯末、大米弄潮湿后,均匀地撒在熏锅里,放上箅子,摆好鸡翅,盖严上火,用中火烧至冒黄烟时,端离火源,烟熏10分钟后取出,抹上一层香油。

3. 盛装方法

食用前改刀,装白色盘中,用一牡丹花及绿叶点缀即可。

七、菜肴特点:

色泽红亮,微咸适口,富有五香味和浓郁的烟香味。

八、操作关键:

1. 一定将要熏的主料表面的水分晾干,然后逐个码在箅子上,要注意不要重叠。

2. 熏料可用一种,也可数种同时使用。

3. 在锅底内撒入熏料后,将摆好主料的箅子放入锅中,封闭盖紧,以防跑烟。

4. 严格控制火候和掌握熏制时间，否则色泽过重，会使主料带有煳味。

九、相关菜肴分析：

根据此菜肴制作方法，还可制作熏鸭、熏肉等。

十、思考题：

1. 先熟后熏和先熏后熟有什么不同？
2. 采用熏法烹制菜肴时，对要熏制的原料有什么要求？

第二十四章　实习课题——拌

第一节　生拌

蒜 泥 黄 瓜

一、生拌,是指先将原料整理、消毒,再经刀工处理后直接加入调味品调制成菜的方法,只调味不加热。

二、烹调方法:生拌。

三、味型特点:咸鲜,蒜香。

四、原料:

主料:黄瓜 500g。

调料:大蒜瓣 25g,味精 5g,精盐 10g,黄醋 25g,香油 10g。

五、工艺流程:

原料刮削洗涤→刀工处理→调味腌渍→装盘。

六、制作过程:

1. 将黄瓜清洗消毒,刮去表皮。

2. 将去皮黄瓜放在砧板上剖成四半,去掉瓜瓤后修理整齐,以间隔 2cm 的距离切成斜象眼块。

3. 将改好刀的黄瓜放入盛器中,加入 5g 精盐稍腌片刻。

4. 将蒜捣成茸,将腌好的黄瓜挤去水分,再加入剩下的 5g 精盐、味精、黄醋、香油,倒入蒜茸,拌匀装盘即成。

七、菜肴特点:

清爽脆嫩,蒜香浓郁,酸辣利口。

八、操作关键:

1. 原料消毒后要冲洗干净。

2. 刀工处理要均匀整齐。

3. 要将腌渍后的水分略挤。

4. 调味要适度。

九、相关菜肴分析:

此菜采用生拌的方法调制而成,在此基础上可改变主料,亦可改变调味品,以形成多种风味的生拌菜,如"糖醋萝卜"、"珊瑚白菜"等。

十、思考题:

1. 制作此菜腌制黄瓜时应注意什么？
2. 对生拌的菜肴的口味有何要求？

生 拌 鱼 丝

一、生拌适用于质地脆嫩的植物性原料或鲜活的鱼、虾等，对原料的择洗、消毒要干净彻底。

二、烹调方法：生拌。

三、味型特点：香辣咸鲜。

四、原料：

主料：净三文鱼肉 300g。

辅料：黄瓜 100g，水萝卜 100g，海蜇 100g，青、红椒各 20g，香菜 15g，熟芝麻 25g。

调料：白醋 50g，精盐 20g，辣椒油 10g，葱 10g，姜 10g，蒜 10g。

五、工艺流程：

原料洗涤消毒→刀工处理→装盘→调味成菜。

六、制作过程：

1. 将鱼肉顺丝片成大片，切成细丝后，放白醋，加少许水拌匀略腌，然后控净水分。
2. 把黄瓜、水萝卜、青红椒、葱、姜、蒜都切成丝，海蜇切丝用开水焯后投凉。把黄瓜、海蜇、青红椒、水萝卜丝全部码在盘里。
3. 芝麻炒熟，擀成粗面；香菜洗净，切成 3cm 长的段。
4. 将鱼丝放在盘内的各种配料上，撒上芝麻面，加精盐、味精、香菜、辣椒油拌匀即成。

七、菜肴特点：

鱼丝鲜嫩，香辣鲜咸。

八、操作关键：

1. 原料清洗要干净彻底。
2. 刀功要均匀整齐。
3. 鱼丝一定要预先用醋精腌渍，除入味外，更可起到杀菌消毒的作用。
4. 海蜇焯水后最好用冷水多浸泡一段时间，以使其口感爽脆。

九、相关菜肴分析：

在此基础上可改变主料，亦可改变调味品，以形成多种风味的生拌菜。

十、思考题：

1. 对动物性原料的生食你有何见解？
2. 生食动物性原料应注意什么？

第二节 熟拌

酸辣象拔蚌

一、所谓熟拌,就是将原料加热成熟后再进行刀工处理,或先进行刀工处理再加热成熟后,加入调味品调拌成菜的一种方法。

二、烹调方法:拌。

三、味型特点:酸辣。

四、原料:

主料:活象拔蚌1只(约重500g)。

配料:西芹50g。

调料:酱油15g,黄醋15g,味精0.5g,辣椒油30g,精盐4g,香油10g,黄酒10g,生姜5g,葱段10g。

五、工艺流程:

原料初步加工→刀工处理→焯水→调制味汁→装盘→淋浇味汁。

六、制作过程:

1. 加工过程

(1)西芹刨去老筋,洗涤,干净,切成菱形片;将象拔蚌的净肉取下,剖开,用清水洗刷干净,用刀片去其外皮不用,再顺纹路片成薄片。

(2)酱油、味精、精盐、辣椒油、黄醋对成咸酸带香辣的味汁。

2. 烹调过程

(1)锅内烧清水,加生姜、葱段、黄酒、精盐烧沸,放入西芹焯水断生捞出,再放入加工好的象拔蚌片焯水(略烫一下)捞出。

(2)先将西芹装入盘内,再装入象拔蚌片,将调好的味汁淋浇在菜肴上即成。

3. 盛装方法

盛装在精美的圆盘中,用香菜、红樱桃点缀即可。

七、菜肴特点:

色泽棕红,质地脆嫩,酸辣味浓。

八、操作关键:

1. 选用鲜活的象拔蚌,1只约重500g的象拔蚌出料后可以制作2~3份。

2. 象拔蚌片的焯水时间极短,时间过长会使象拔蚌变得绵韧而失去脆嫩的口感。

九、相关菜肴分析:

用此方法制作相似的菜肴,如蒜汁北极贝、芦笋鲍鱼卷等。

十、思考题:

1. 怎样加工象拔蚌?

2. 此菜有什么特殊风味?

仔姜拌鸭丝

一、此菜选用熟鸭肉与仔姜相拌,色彩丰富,口感爽脆。

二、烹调方法:拌。

三、味型特点:咸鲜味。

四、原料:

主料:熟盐水鸭脯肉 100g。

配料:嫩姜 50g,甜椒丝 10g。

调料:精盐 1g,味精 1g,香油 15g。

辅佐料:冷鲜汤 15g。

五、工艺流程:

鸭肉刀工处理→加入辅料拌味→装盘。

六、制作过程:

1. 加工过程

嫩姜刮洗干净,切成长 4cm、粗 0.2cm 的丝,与甜椒丝一同装入碗内,加精盐 0.5g 拌匀,腌渍一下。熟鸭肉切成长 6~8cm、粗 0.4cm 丝。

2. 烹调过程

精盐、味精、冷汤、香油调匀成咸鲜味汁,将调好的味汁与鸭肉丝、嫩姜丝、甜椒丝拌匀,装盘成菜。

3. 盛装方法

盛装在深色盘中,用香菜叶、红樱桃点缀即可。

七、菜肴特点:

色泽自然美观,质地细软带脆,咸鲜适口。

八、操作关键:

1. 选用色好、味鲜香并已加工成熟的盐水鸭的脯肉或腿肉,姜宜选用新鲜的嫩姜。

2. 主、辅料在刀工处理时,均需注意其成型及规格要一致。

九、相关菜肴分析:

此种方法加工的菜肴,主料可以选用盐水鸡、鹅、兔;辅料可单选仔姜或甜椒、芹黄等,味型可选用葱油味、酱香味等。如"夫妻肺片"、"白斩鸡"等。

十、思考题:

1. 嫩姜丝、甜椒丝为什么要先腌一腌?

2. 此菜的风味特点是什么?

第二十五章　实习课题——炝

第一节　普通炝

丹珠炝西芹

一、普通炝就是将经刀工处理后的原料焯水后加入调味料调制成菜的方法。如"金钩炝西芹"、"炝虾片"等。

二、烹调方法：炝。

三、味型特点：咸鲜。

四、原料：

主料：西芹300g。

配料：红鱼子酱15g，银耳10g。

调料：花椒油6g，精盐10g，味精2g。

五、工艺流程：

选料→洗涤→刀工处理→焯水→炝味装盘→撒鱼子。

六、制作过程：

1. 加工过程

选用新鲜细嫩的西芹刨去老筋，斜切成长约3cm、厚约0.2cm的柳叶条；银耳泡发后择洗干净，入沸水焯一下过凉备用。

2. 烹调过程

将西芹入沸水锅中焯水至断生捞出，迅速过凉，沥干水分后与银耳一同放入盛器内，加入精盐、味精、花椒油浸渍片刻，待渗透入味后装盘，将鱼子酱均匀地撒在上面即成。

3. 盛装方法

盛装时将西芹顺条码在玻璃圆盘中，上放银耳，再点缀红樱桃即可。

七、菜肴特点：

青翠中有点点雪白，衬托着鱼子鲜红欲滴，清新爽口。

八、操作关键：

1. 西芹焯水后要迅速过凉，以保持西芹的绿色。

2. 腌制的时间不能过长。

九、相关菜肴分析：

此菜用料可变性极强，鱼子酱可换成海米、鱼子等，西芹可换成露笋、瓜条等。

十、思考题：

1. 蔬菜等为什么焯水后要立即过凉？
2. 鱼子酱在此菜肴中起什么作用？

炝 虎 尾

一、炝制的特点是无汁或少汁，爽滑脆嫩，清淡中透出花椒油的香味。

二、烹调方法：炝。

三、味型特点：咸鲜微带酸辣。

四、原料：

主料：净鳝鱼脊背 400g。

调料：葱 8g，姜 8g，蒜泥 3g，黄醋 5g，香油 25g，胡椒粉 1g，酱油 10g，黄酒 25g，熟猪油 50g，花椒 10g，精盐 1g。

辅佐料：鸡清汤 150g。

五、工艺流程：

原料焯水→入碗蒸制→装盘→调味→浇油成菜。

六、制作过程：

1. 加工过程

将鳝鱼脊背入沸水锅焯水，捞出沥干，取其约 10cm 长的尾部，理齐，鱼皮朝下码入碗里，放入葱、姜、黄酒、精盐、熟猪油，加入鸡清汤。

2. 烹调过程

将鳝鱼上笼蒸 10 分钟取出，拣去葱、姜，滗去汤汁后翻扣入盘中，上放蒜泥、胡椒粉，淋上酱油、黄醋。炒锅上火倒入香油，放入花椒炸至焦枯捞去花椒，将油浇淋在菜上即可。

3. 盛装方法

食用时将菜肴装在白色圆盘中，周围用黄瓜片、香菜叶围边即可。

七、菜肴特点：

肉质纯净，吃口清爽。

八、操作关键：

1. 鳝鱼焯水时要掌握好时间，不可过长。
2. 调味汁的比例要恰当。

九、相关菜肴分析：

类似的方法可制作滑炝鱼丝、炝鱼鳃腰花等。

十、思考题：

1. 鳝鱼焯水时要注意什么？
2. 此菜的风味特点是什么？

第二节 特殊炝

腐乳炝虾

一、特殊炝是将鲜活的虾、蟹等投入到已制好的如"南乳汁"、"椒麻汁"、"红油汁"、"姜酒汁"等调味汁中腌炝成菜的一种方法。如"南乳炝虾"、"姜酒炝毛蟹"等。

二、烹调方法：生炝。

三、味型特点：咸鲜，有腐乳的特殊香味。

四、原料：

主料：活青虾500g。

配料：红色香腐乳50g，净葱白50g。

调料：味精5g，黄酒50，白酒15g，香油10g，精盐2g。

五、工艺流程：

原料洗涤加工→调制味汁→装盘→上桌浇汁→焖炝成菜。

六、制作过程：

1. 加工过程

（1）将活青虾用清水洗净，剪去须、足、虾枪，再用冷开水洗涤后控净水分，葱白洗净切成马耳丝型。

（2）腐乳带汁盛入碗中捻成泥，加入味精、黄酒、白酒、香油、精盐调匀成汁。

2. 烹调过程

将葱丝放入玻璃煲中，虾放在上面，与调好的汁一起上桌，将对好的汁倒入玻璃煲中加盖略焖即可。

3. 盛装方法

盛装在玻璃碗中，用香菜叶、细姜丝、红樱桃点缀即可。

七、菜肴特点：

鲜嫩爽脆，风味独特。

八、操做关键：

1. 必须选用鲜活的虾。

2. 原料要去掉枪、足，并清洗干净。

3. 调味时需用酒、葱等特殊调味品，以增香，压异味，杀菌。

九、相关菜肴分析：

类似的方法可制作腐乳鱼方、腐乳炝腰片等。

十、思考题：

1. 腐乳在烹制此菜肴时起什么作用？

2. 此菜有什么特殊风味？

第二十六章　实习课题——腌渍

麻辣儿菜丝

一、腌是将加工整理后的原料投入到调味汁中或直接用调味料拌渍,经一定时间后使调味料的滋味充分渗入到原料内部的一种方法。

二、烹调方法:腌。

三、味型特点:麻辣味。

四、原料:

主料:鲜儿菜 500g。

调料:精盐 5g,辣椒粉 10g,花椒粉 2g,味精 2g,五香粉 1g,绵白糖 1.5g,辣椒油 5g,香油 3g。

五、工艺流程:

原料晾蔫→刀工处理→拌味腌渍→装盘。

六、制作过程:

1. 加工过程

儿菜放在通风处晾蔫,洗净后切成粗约 0.5cm 的丝,加精盐揉搓均匀,腌渍一天(出坯)。

2. 烹调过程

儿菜丝出坯后挤干盐水,加辣椒粉、花椒粉、绵白糖、五香粉、味精拌匀,腌制一天后即可食用。食用时加辣椒油、香油拌匀即可。

3. 盛装方法

盛装在白色盘中,用香菜叶、红樱桃点缀即可。

七、菜肴特点:

色泽红亮,质地嫩脆,咸鲜麻辣。

八、操作关键:

1. 儿菜要新鲜;花椒粉要选用好的;辣椒粉可随口味适量增减。

2. 掌握好晾晒程度,成菜可密封保存。

3. 此种方法可适用于黄瓜、萝卜等,切成条、片状均可。

九、相关菜肴分析:

类似的方法可制作腌黄瓜、腌萝卜等。

十、思考题:

1. 什么是腌?其特点是什么?

2. 腌制时应注意什么?

糖醋扬花萝卜

一、腌制的原理是利用调味品的渗透压使滋味渗入,同时原料内部的部分水分被排出。一般可分为盐腌和糖腌。

二、烹调方法:腌。

三、味型特点:酸甜。

四、原料:

主料:扬花萝卜500g。

调料:绵白糖100g,黄醋80g,精盐15g。

五、工艺流程:

原料择洗→刀工处理→精盐腌→挤水调味→装盘。

六、制作过程:

1. 加工过程

(1)萝卜去叶芽,去根须,洗净。

(2)将洗净的萝卜从中心剖开,然后分别剞梳子花刀,截成3cm长的段,加入精盐腌片刻。

2. 烹调过程

将绵白糖放入碗中,加米醋和糖一起调至呈蜂蜜状,将腌过的萝卜挤去水分放入盛器中,淋上对好的糖醋汁,腌透后即可。

3. 盛装方法

盛装在白色盘中,用香菜叶、红樱桃点缀即可。

七、菜肴特点:

脆嫩,酸甜,爽口。

八、操作关键:

1. 刀工处理要细腻。

2. 精盐腌的目的是除去萝卜中的部分水分,精盐不宜过多,时间也不宜过长。

3. 最后腌制时要保证充分入味。

九、相关菜肴:

此菜的主料可选用黄瓜、白菜等。

十、思考题:

1. 为什么叫扬花萝卜?

2. 扬花萝卜什么季节上市?

第二十七章　实习课题——醉

第一节　生醉

醉 红 膏 蟹

一、生醉就是将鲜活的动、植物性原料不经熟制,直接用酒、精盐及其他调味料腌制成菜。如"醉蟹"、"醉虾"等。

二、烹调方法:生醉。

三、味型特点:咸鲜酒香。

四、原料:

主料:活红膏蟹 500g。

调料:黄酒 100g,白酒 80g,冰糖 30g,花椒 5g,葱 10g,姜 10g,丁香 5g,精盐 50g。

辅佐料:清水 500g。

五、工艺流程:

原料洗涤→活养排污→熬制味汁→入坛醉制→斩件装盘。

六、制作过程:

1. 加工过程

将蟹冲洗干净,放入篓内压紧后入清水活养 1~2 个小时,使其吐出体内污物,离水放在通风阴凉处 1~2 小时,再令其吐出体内水分。

2. 烹调过程

(1)炒锅洗净放火上,放入水、精盐、花椒、冰糖、葱、姜煮至冰糖溶化,拣去葱、姜,倒入盛器冷却,制成卤汁。

(2)取一洗净干燥的坛子,将蟹的脐盖掀起放入一粒丁香再合上,放入坛中依次码好,用小竹算压紧,再将黄酒、白酒及制好的卤汁倒入,以没过蟹体为准,将坛口密封,3~4 天后即可开坛食用。食用时将螃蟹斩件,装入蟹形盘,带姜醋汁上桌。

3. 盛装方法:

盛装在白色垫有香菜叶的大盘中,用细姜丝点缀即可。

七、菜肴特点:

肉质鲜嫩,醇香浓郁,酒香扑鼻。

八、操作关键:

1. 原料要用清水活养。

2. 醉制时要防止抽水。

3. 要选用活蟹醉腌。

九、相关菜肴分析：

类似的方法可制作醉虾、醉田螺等。

十、思考题：

1. 什么是醉？醉的特点是什么？

2. 什么地方的醉蟹最有名？

第二节　熟醉

醉　鸭　腰

一、熟醉的原料需经熟制成半成品后，再加入调味料腌渍成菜。如"醉鸡"、"醉玉笋"等。

二、烹调方法：熟醉。

三、味型特点：咸鲜酒香。

四、原料：

主料：鸭腰 20 只。

调料：黄酒 50g，曲酒 10g，香油 5g，味精 2g，胡椒粉 1g，精盐 6g。

辅佐料：鸭汤 100g。

五、工艺流程：

原料洗涤→煮熟→调味醉制→装盘。

六、制作过程：

1. 加工过程

鸭腰洗净，下沸水锅内烫熟即捞出晾干，原汤盛于碗内，加精盐 3g 搅匀待用。

2. 烹调过程

取一干净带盖容器，加鸭汤、黄酒、曲酒、精盐、胡椒粉、味精搅匀，放入鸭腰，加盖密封约 1 天。食用时取出，撕去外膜装盘，淋上原卤汁和香油。

3. 盛装方法

盛装在垫有生菜的玻璃盘中，用葱白丝点缀即可。

七、菜肴特点：

色泽乳白，质地细嫩，香味浓郁，营养丰富。

八、操作关键：

鸭腰要用小火煮熟，如火力太大会爆破散碎。

九、相关菜肴分析：

类似的方法可制作醉猪手、醉鸭胗等。

十、思考题：

1. 醉有几种方式？

2. 制作此菜时应注意什么？

第二十八章　实习课题——糟

糟醉冬笋

一、此菜选用香糟卤,风味独特,易于制作。

二、烹调方法:糟。

三、味型特点:咸甜酒香。

四、原料:

主料:冬笋 500g。

调料:香糟卤 50g,精盐 25g,味精 5g。

五、工艺流程:

原料刀工处理→煮→腌渍→装盘。

六、制作过程:

1. 加工过程

将冬笋用刀拍松,撕成劈柴块,下水锅煮熟,捞出沥干。

2. 烹调过程

将冬笋块放入一盛器中,加入卤汁、精盐、味精后密封,浸渍约 2 小时即可。

3. 盛装方法

盛装在深色盘中,用香菜叶、红樱桃点缀即可。

七、菜肴特点:

色泽浅黄,口味香脆,咸中带甜。

八、操作关键:

1. 应根据冬笋的品质,掌握好焯水时间。

2. 糟制时需密封,以促其入味。

九、相关菜肴分析:

类似的方法可制作糟醉毛豆、糟醉茭白等。

十、思考题:

1. 制作此菜应注意什么?

2. 冬笋和春笋有什么区别?

红糟鸡

一、糟菜的特点是口味咸鲜清爽,鲜香醇厚,具有糟的浓香味。常用的调味品除香糟外,还有精盐、白糖、酒、鲜辣椒、味精、葱、姜、香油等。

二、烹调方法:糟。

三、味型特点:咸鲜微甜,糟香。

四、原料:

主料:净嫩鸡1只(约800g)。

配料:白萝卜100g。

调料:精盐15g,味精5g,红糟50g,鲜辣椒10g,黄酒100g,白醋10g,高粱酒25g,绵白糖25g,香油25g,盐水100g。

辅佐料:冷开水400g。

五、工艺流程:

原料初步加工→熟处理→刀工处理→调味腌制→装盘。

六、制作过程:

1. 加工过程

将鸡开膛取出内脏,洗净,剁去脚爪,将鸡腿膝盖处用刀拍松。

2. 烹调过程

(1)锅放入水烧开,将鸡放入煮10分钟,将鸡翻身后,再煮10分钟,捞出冷却备用。

(2)将鸡的头、翅、腿斩下,鸡身剁成4块,鸡头劈成两半,鸡翅断成两截。

(3)将全部鸡块放入盛器中,用味精、精盐、白酒拌和,并用保鲜膜密封,每隔2小时翻一次,浸4小时后,再用味精、精盐、红糟、白酒、冷开水对成的糟卤拌匀,再浸渍2小时。

(4)白萝卜洗净,去皮,切成4块,契上十字花刀,浸入盐水中泡20分钟,取出沥干,盐水装入盛器中;辣椒切成细丝,与白糖、白醋拌和后倒入萝卜中拌匀,浸20分钟。

(5)将浸醉的鸡抹去糟渣,改刀成条装入盘中,再将浸好的萝卜围于盘边,淋上香油即成。

3. 盛装方法

盛装在白色鱼盘中,改刀拼成鸡状,用香菜叶、红樱桃点缀即可。

七、菜肴特点:

色泽粉红,味道鲜香,质地软嫩,糟香浓郁。

八、操作关键:

1. 鸡要选用较为鲜嫩的。

2. 煮鸡时以断生为宜,不宜过于软烂。

3. 糟制时调料的投放量要适宜,且应注意密封。

4. 食用前须将渣物清除干净。

九、相关菜肴分析:

类似的方法可制作红糟鸭、红糟乳鸽等。

十、思考题:

1. 糟菜是什么地方的特色?

2. 制作糟菜时应注意什么?

第二十九章 实习课题——泡

泡 菜

一、泡是将时鲜蔬菜放入调制好的卤汁后,置入特制的密闭容器中,经一段时间浸泡后成菜的一种方法。

二、烹调方法:泡。

三、味型特点:咸鲜,微辣带酸。

四、原料:

主料:白菜2000g,黄瓜250g,青笋250g,萝卜100g,嫩姜100g,嫩蒜50g,鲜红辣椒100g。

调料:精盐50g,干辣椒10g,花椒10g,白酒25g,姜25g,红糖25g。

辅佐料:清水2500g。

五、工艺流程:

原料初步加工→晾晒→制卤→泡制→装盘。

六、制作过程:

1. 加工过程

(1)将上述原料清洗后,改切成相应的块、片,晾去水分;姜洗净,去皮。

(2)把清水注入已备好的泡菜坛中,加入精盐、辣椒、花椒、白酒、姜、红糖,制成泡卤。

2. 烹调过程

将沥水原料放入泡菜坛中,向坛口槽内注入水,将盖盖上,2~3天后即可食用。

3. 盛装方法

食用时盛装在深色盘中,用小番茄点缀即可。

七、菜肴特点:

鲜香脆嫩,微辣带酸。

八、操作关键:

1. 原料要新鲜、脆嫩。

2. 原料清洗后,要沥干水分。

3. 使用的坛子要清洁、洗净、擦干。

4. 泡卤要淹没原料,精盐、酒的用量要稍大一些。

九、相关菜肴分析:

类似的方法可单项制作泡黄瓜、泡萝卜等。

十、思考题:

1. 怎样制作泡菜的卤汁?

2. 什么是泡？泡的特点是什么？

泡 藕

一、泡菜的的原料要新鲜、脆嫩，使用的坛子要清洁、洗净，擦干。

二、烹调方法：泡。

三、味型特点：甜中带酸。

四、原料：

主料：嫩藕 500g。

调料：绵白糖 200g，白醋 30g，香叶 4g，姜片 5g，精盐 1g。

五、工艺流程：

原料洗涤→刀工处理→浸漂→熬制卤汁→泡制→装盘。

六、制作过程：

1. 加工过程

（1）将嫩藕去藕结，用清水刷洗，再用流动的水冲净。

（2）将洗净的藕顶刀切成薄片，立刻放入清水中浸漂 1 小时。

2. 烹调过程

锅洗净注入清水，加白糖、精盐、香叶、姜片，烧开后倒入盛器中，冷却后加入白醋，将藕片从水中捞出，沥净水分，放入卤汁中泡约 2 小时即可。

3. 盛装方法

盛装时将藕码在深色盘中，用香菜叶、红樱桃点缀即可。

七、菜肴特点：

藕片洁白，脆嫩爽口，甜中带酸。

八、操作关键：

1. 藕的清洗要严格、彻底。

2. 藕片越薄越好，且要用清水漂。

3. 煮制卤汁的锅不能有油，白醋要待卤汁冷却后再放入。

九、相关菜肴分析：

类似的方法可单项制作泡包菜、泡芽姜等。

十、思考题：

1. 制作泡菜应选用什么样的原料？

2. 腌制泡菜以多长时间为宜？

第三十章　实习课题——卤

卤 水 牛 腱

一、卤是将经焯水、走油等初步熟制处理后,投入到预先调制好的卤水中,先用大火烧开,再用小火焖煮至成熟或酥烂的一种成菜方法。

二、烹调方法:卤。

三、味型特点:五香味。

四、原料:

主料:牛腱子 2000g。

调料:葱 25g,姜 25g,精盐 150g,黄酒 50g,冰糖 400g,香油 50g,花椒 25g,豆蔻 25g,草果 25g,茴香 25g,丁香 25g,甘草 25g,白芷 25g,山奈 25g。

辅佐料:鸡骨 500g,猪骨 500g,清水 5000g。

五、工艺流程:

选料→调制卤水→焯水→卤制→成熟涂油→切配→装盘。

六、制作过程:

1. 加工过程

精选的牛腱改刀切成大块,用冷水浸泡 2 个小时泡出血水,洗净污物,然后用冷水焯透捞出洗净。

2. 烹调过程

(1)取一不锈钢桶盛入清水,下入鸡骨、猪骨,大火烧开,撇去浮沫,再把葱、姜放入,改用小火煮约 1.5 个小时,将猪骨、鸡骨及葱、姜捞出,用细箩滤去余渣。

(2)将冰糖砸碎,下锅炒成糖色,倒入汤锅中使汤呈紫红色,再加入精盐、黄酒。香料用洁净的纱布包好放入桶中,煮约 1 个小时即制成红卤水。

(3)将牛肉放入制好的卤水中,大火烧开,改用小火煮至熟透后捞出,晾凉后抹上香油即成。

3. 盛装方法

盛装时切成薄片,码在白色盘中,周围用黄瓜片、红樱桃点缀即可。

七、菜肴特点:

口味鲜香纯正,色泽油润光亮。

八、操作关键:

1. 制卤水时各种调料的投放要适度。

2. 香料要用洁净的布包成料包。

3. 牛肉卤制前要经浸泡和焯水,以除去血污。

4. 卤好后捞出,晾凉后即抹上香油,以防表面干燥和变色。

九、相关菜肴分析:

红卤制品种类很多,可以是肘子、蹄膀、鸡、鸭、兔、素火腿等。

十、思考题:

1. 卤菜的特点是什么?

2. 怎样掌握卤菜的火候?

卤水金钱肚

一、卤制的原料非常广泛,有红卤、白卤之分,要视具体的原料而定。

二、烹调方法:卤。

三、味型特点:五香。

四、原料:

主料:牛肚1000g。

调料:葱15g,姜25g,黄酒50g,精盐150g。

辅佐料:白卤水3000g。

五、工艺流程:

原料洗涤→焯水→卤制→浸泡→改刀→装盘。

六、制作过程:

1. 加工过程

(1)制作卤水,白卤水的制作与红卤水基本相同,只是不用焦糖色等有色调味品。

(2)牛肚剪去油污,用淡碱水洗净后再用清水漂洗干净去净碱味;葱洗净打结;姜洗净拍松。

2. 烹调过程

牛肚焯水后与葱、姜、精盐、黄酒一起下入卤水锅中,大火烧开,改用小火卤约40分钟后离火,继续在卤水中浸泡至卤水近凉,捞出即可。

3. 盛装方法

盛装时改刀装在深色盘中,用香菜叶、红樱桃点缀即可。

七、菜肴特点:

淡乳黄色,柔韧鲜香。

八、操作关键:

1. 原料加工时要剪去油脂,以保证制品的清爽和卤水的纯正。

2. 用淡碱水洗去原料的异味后一定要用清水漂洗干净。

3. 卤好后一定要在卤水中浸泡一段时间,这样可以使原料继续受热,达到软而不烂和入味的效果。

九、相关菜肴分析:

此种菜肴制作方法适应原料较广,如鹅头、鸭掌、蛋类、豆腐及各类动物内脏等。

十、思考题:

1. 此菜的卤水是什么颜色?行业中称什么为卤水?

2. 卤的时间为什么要长一些?

第三十一章 实习课题——酱

酱 排 骨

一、酱是先将原料用精盐、酱油等调味料腌渍,经焯水、过油等初步处理后,再放入酱汤中,大火烧开后撇去浮沫,中、小火煮透入味,最后用大火收浓汤汁并使汤汁均匀地包裹住原料的一种成菜方法。

二、烹调方法:酱。

三、味型特点:五香。

四、原料:

主料:猪肋排500g。

调料:八角25g,桂皮25g,葱段25g,黄酒50g,冰糖25g,酱油50g,精盐25g,香油10g。

辅佐料:红曲米50g,色拉油1000g(约耗50g)。

五、工艺流程:

原料洗净→刀工处理→腌渍→炸→酱制→装盘。

六、制作过程:

1. 加工过程

将肋排洗净,按肋骨缝隙劈成条,斩成5cm长的段,加葱、姜、黄酒、酱油拌匀,腌2个小时。

2. 烹调过程

(1)净锅上火注入色拉油,烧至约240℃时,下入排骨,炸至呈金黄色时捞出。

(2)用洁净纱布把葱、姜、桂皮、八角、红曲米包好,放入清水锅中烧开,放入排骨,加入精盐、黄酒、酱油、冰糖,用小火烧煮,待排骨成熟基本软烂时捞出。

(3)取出锅中的香料袋,撇去浮油,用大火收浓酱汁并放入排骨,上下翻动,使酱汁均匀地裹在排骨表面,淋上香油即成。

3. 盛装方法

盛装在垫有生菜的白色盘中,上放葱白丝点缀即可。

七、菜肴特点:

色似玫瑰,甜中带咸,味厚纯香。

八、操作关键:

1. 排骨需预先腌制入味,且要掌握好炸制时的油温。

2. 酱制时,原料八成熟即可捞出,收汁时要撇去浮油。

九、相关菜肴分析：
此种方法也可选用牛肉、肘子等制作。
十、思考题：
1. 此菜烹调前为什么要腌制？
2. 此菜的制作关键是什么？

酱　鸭

一、酱的方法风味独特，是冷菜中常用的方法之一。
二、烹调方法：酱。
三、味型特点：甜咸。
四、原料：
主料：仔光鸭1只（约重2000g）。
调料：绵白糖110g，甜面酱110g，香油25g，酱油110g，黄酒55g，姜片15g，葱结50g，八角30g，小茴香30g，肉桂20g，豆蔻20g，丁香10g。
辅佐料：高汤1000g，色拉油1500g。
五、工艺流程：
原料→初加工→腌制→过油→酱制→改刀→装盘。
六、制作过程：
1. 加工过程
将光鸭由腋下开口，取出内脏，擦干鸭身内外的水分，用酱油抹遍全身；炒锅置旺火上，下油烧至210℃左右时，放入鸭炸至金黄色捞起。锅内留油60g，放入甜面酱炒出香味，盛入容器内；各种香料用纱布包好。
2. 烹调过程
（1）炒锅置旺火上，加入高汤，放入鸭子和黄酒、酱油及香料包等调味品，旺火烧沸后移至小火上焖至软熟取出。
（2）炒锅置中火上，放入原卤汁和炒熟的甜面酱，再放入鸭子烧沸，淋入香油起锅，鸭子冷后改刀装盘即可。
3. 盛装方法
盛装时改刀装在白色盘中，底垫生菜点缀。
七、菜肴特点：
色泽酱紫透红，鸭肉酥软，有浓郁的酱香味。
八、操作关键：
1. 炒甜面酱时应选用微火。
2. 酱鸭时火力不宜过大，以免造成酥烂度不够和滋味不足。
九、相关菜肴分析：
此种方法也适用于鸭肝、鹌鹑、铁雀等的制作。
十、思考题：
1. 此菜的火候应怎样掌握？
2. 此菜的风味特点是什么？

第三十二章　实习课题——冻

水晶肴蹄

一、冻是将含胶质丰富的原料投入到适量的水中,通过蒸、煮等方法加热使胶质充分溶入到汤水之中,过滤后加入已烹制成熟的原料,经冷却后凝结成冻的一种成菜方法。

二、烹调方法:冻。

三、味型特点:咸鲜。

四、原料:

主料:去爪猪蹄膀1只(约重1500g)。

调料:葱段25g,姜片15g,黄酒10g,花椒5g,八角5g,精盐135g。

辅佐料:硝水(以1∶166调制)30g,明矾2g。

五、工艺流程:

原料初加工→腌制→水煮→定盘→冷却凝固→改刀→装盘。

六、制作过程:

1. 加工过程

(1)将猪蹄膀刮洗干净,用刀剖开(不能偏),剔去骨(后蹄要抽去筋),皮朝下平放在案板上,用铁钎在瘦肉上戳一些小孔,洒上硝水,再用精盐揉匀搓透进行腌制(随气侯的变化用精盐和腌制的时间不同,夏季用精盐125g腌6～8小时;冬季用精盐95g腌7天;春、秋两季用精盐110g腌3～4天),然后放冷水中浸泡8小时去掉涩味,取出刮去皮上污物,再用清水漂洗干净。

(2)将葱、姜放入布袋,花椒、八角装入另一布袋,把口分别扎紧。锅内放入清水800g,加精盐40g、明矾1g用旺火烧开撇去浮沫,将猪蹄放入锅内(皮朝上),烧沸后撇去浮沫,将葱姜袋和香料袋放入,加入黄酒,盖上竹算子,上放洁净重物压住,用小火保持微沸煮约3个小时至约九成烂时出锅,捞出两个布袋,汤留用。

2. 烹调过程

取一平底瓷盘将猪蹄皮朝下放入,将锅内卤汤烧沸,撇去浮油,放入明矾1g,添清水烧沸,再撇去浮油后将卤汤倒入瓷盘中,没过肉面,上放一重物挤压,放阴凉处冷却凝结成冻(天气热时冷却后放入冰箱中),即成水晶肴蹄。

3. 盛装方法

上桌时,改刀装盘,佐以姜丝、镇江香醋,味道更佳。

七、菜肴特点:

晶莹剔透,香酥鲜嫩。

八、操作关键:

1. 蹄膀要选择皮色洁白的,加工时要刮洗干净。
2. 熟制时火力不要过大,保持微沸即可,否则影响汤色。
3. 煮制时要把浮沫撇净以保证成品晶莹剔透。

九、相关菜肴分析：
用此菜的方法可制作水晶猪蹄、水晶肴耳等。
十、思考题：
1. 水晶冻是怎么形成的？
2. 此菜肴适宜于什么季节制作？

蚕 丝 鸡 冻

一、冻是一种比较特殊的方法，色彩晶莹透明，能给人赏心悦目的感觉。
二、烹调方法：冻。
三、味型特点：咸鲜。
四、原料：
主料：仔鸡 500g。
配料：火腿 25g，胡萝卜 25g，芫荽叶 10g，琼脂 25g。
调料：精盐 20g，味精 5g，葱 25g，姜 25g，黄酒 50g。
五、工艺流程：
原料初加工→焯水→煮制→熬制卤汁→定碗冷却→凝冻→装盘。
六、制作过程：
1. 加工过程
(1) 鸡去内脏洗净；琼脂用清水浸泡回软。
(2) 将火腿、胡萝卜切成长菱形片，分别用开水烫一下；芫荽叶洗净，稍烫迅速过凉。
(3) 鸡放入水锅中，加葱、姜、黄酒、精盐，煮至八成熟捞出晾凉。
(4) 将鸡腿、鸡脯取下，用手撕成细丝，取一小碗，将火腿、胡萝卜、芫荽在碗底拼成花朵型，将鸡丝整齐地盘旋在碗壁内侧，碎散鸡丝放在中间，装至与碗口齐平。
2. 烹调过程
另取一锅加适量鸡汤，放入琼脂烧至溶化，再放入精盐、黄酒、味精，撇去浮沫，过滤后稍凉，倒入盛有鸡丝的碗中，以没过鸡丝为度，冷却后翻扣于盘中即可。
3. 盛装方法
盛装时将菜肴反扣在深色圆盘中，四周点缀香菜、红樱桃即可。
七、菜肴特点：
色泽洁白，似蚕丝环绕，晶莹透明。
八、操作关键：
1. 原料质地要细嫩。
2. 冻汁要去污、去杂质、去油质，鸡丝越细越好。
九、相关菜肴分析：
此类菜肴亦可用鸡翅、鸭翅制作，也可用水果制成甜品。
十、思考题：
1. 此菜的操作关键是什么？
2. 形成水晶的方法有哪些？

第三十三章 实习课题——酥

酥海带

一、酥是将原料用油炸或投入汤内,以醋为主要调料,用小火焖至酥烂的方法。

二、烹调方法:酥。

三、味型特点:酸甜咸。

四、原料:

主料:海带500g。

调料:葱50g,姜50g,黄酒100g,精盐20g,绵白糖100g,黄醋400g,香油50g,八角2g。

辅佐料:猪肋骨500g。

五、工艺流程:

原料浸泡→捆扎→加热烹调→装盘。

六、制作过程:

1. 加工过程

海带用卤水浸泡扎成小卷;猪肋骨洗净;葱、姜洗净。

2. 烹调过程

取大沙锅一只,锅底铺一层猪肋骨,然后一层层码放上海带,再放上葱、姜、八角,一卷挨一卷,中间有一小孔,放调味品,加入清水,大火烧开后,用微火烧2小时左右,沙锅离火,待汤冷却凝结后,将原料翻扣于大盘中,一层层取下即可。

3. 盛装方法

盛装时将海带卷摆在白色圆盘中,四周点缀香菜、红樱桃即可。

七、菜肴特点:

酸甜带咸,酥烂味美。

八、操作关键:

1. 海带要洗净。

2. 掌握好火候及加热时间,火不能大,否则汤汁会干。

九、相关菜肴分析:

用此菜的方法可制作酥藕、酥小黄鱼等。

十、思考题:

1. 什么是酥?其特点是什么?

2. 按此菜的烹制方法还可制作哪些菜肴?

酥 鲫 鱼

一、用酥的方法成菜骨酥肉烂,鲜香入味。

二、烹调方法:酥。

三、味型特点:咸鲜酥香。

四、原料:

主料:小活鲫鱼(长约7cm)20条。

调料:葱丝50g,红辣椒丝25g,黄醋400g,酱油50g,绵白糖50g,黄酒150g,香油50g。

辅佐料:酱瓜丝50g,酱仔姜丝25g,色拉油1000g(耗约100g)。

五、工艺流程:

原料初加工→炸制→调味焖烧→装盘。

六、制作过程:

1. 加工过程

将鲫鱼去鳞、鳃,用刀从背部剖开去除内脏,洗净沥干。

2. 烹调过程

(1)炒锅上火,倒入色拉油烧至240℃左右时,放入鲫鱼炸至鱼身收缩、呈金黄色时,捞出沥油。

(2)取沙锅一只,内放竹垫,上放酱瓜丝15g、酱仔姜丝15g、葱丝15g、红辣椒丝10g,将鲫鱼鱼背朝上、鱼头朝外逐条叠起,上面再放入酱瓜丝35g、酱仔姜丝15g、葱丝35g、红辣椒丝15g,加酱油、白糖、黄醋、香油、黄酒、清水500g,加盖用旺火烧沸后,移小火上焖2个小时收稠汤汁,离火,将鱼取出,鱼背向上码放整齐,淋上剩余的卤汁冷却后即可。

3. 盛装方法

盛装时将菜肴摆在垫有生菜的白色圆盘中,四周点缀姜丝即可。

七、菜肴特点:

色泽金红,骨酥肉香,酸甜可口,香气浓郁。

八、操作关键:

1. 鱼的个体大小要适中,并力求一致。

2. 醋的投放量要适当。

3. 收汁时要防止焦底。

九、相关菜肴分析:

用此菜的方法可制作酥海带、酥小黄鱼等。

十、思考题:

1. 炸鱼时为什么要高温?应炸到什么程度?

2. 此菜酥的关键是什么?

第三十四章 实习课题——糖水

杏仁豆腐

一、糖水是用冰糖、蜂蜜等加水熬制成糖水汁后,在原料制好后放入盛器,注入糖水成菜上桌的一种烹调方法。

二、烹调方法:糖水。

三、味型特点:甜香。

四、原料:

主料:炼乳(或鲜奶)25g,杏仁 30g。

调料:白糖 50g,冰糖 250g,琼脂 8g,杏仁精 0.2g。

辅佐料:红樱桃 2 颗,玫瑰花瓣数片,清水 800g。

五、工艺流程:

杏仁去皮→磨浆→制冻→熬制糖水→冷藏降温→装碗。

六、制作过程:

1. 加工过程

(1)杏仁用热水浸泡后去皮,用小石磨磨成杏仁浆,过滤去渣备用。

(2)琼脂用 200g 清水浸涨,放小钢精锅里熬溶,加进白糖熬溶,再加入炼乳、杏仁浆略熬,用筛子过滤;取一净碗,用切成瓣的樱桃在碗底摆成花型,先加入少许浆液使其冷却后将摆放的花瓣固定,再加入其余的浆液冷却后凝结成冻。

2. 烹调过程

(1)锅中加水 600g,放入冰糖熬化后倒入玻璃煲中,连同杏仁冻一起放入冰箱冷藏。

(2)食用时玫瑰花瓣用沸水略烫放入糖水碗中,加入杏仁精搅匀,杏仁糕从背面划成象眼块(正面最好不要划断),推入糖水中即成。

3. 盛装方法

盛装时将菜肴切成块放在玻璃器皿中,用玫瑰花瓣点缀即可。

七、菜肴特点:

清凉香甜,脆爽适口,杏仁味浓。

八、操作关键:

1. 杏仁去皮要干净,磨浆要细腻。

2. 杏仁浆及熬好的琼脂要过滤以保证质感。

九、相关菜肴分析:

用此菜的方法可制作西瓜豆腐、鲜奶冻等。

十、思考题：

1. 杏仁为什么要磨细腻？
2. 熬琼脂时应注意什么火候？

鲜果珍珠露

一、糖水的制作方法简单，制作时也可以加入一些香料，如桂花酱、玫瑰酱等。

二、烹调方法：糖水。

三、味型特点：甜香。

四、原料：

主料：泰国小西米 80g，净菠萝 25g，净苹果肉 25g，去籽西瓜 25g，猕猴桃 25g，红黄樱桃 25g。

调料：冰糖 100g，椰汁 50g，鲜奶 50g，绵白糖 15g。

辅佐料：清水 500g。

五、工艺流程：

原料涨发→刀工处理→熬制糖水→冷藏→装盘成菜。

六、制作过程：

1. 加工过程

（1）锅洗净上火，加入清水烧沸，放入泰国小西米涨发，煮约 5 分钟左右，使西米粒由白色转为透明后，随即放入冷水内冲凉。

（2）猕猴桃去皮，与苹果、菠萝、西瓜均切成小丁，红、黄樱桃洗净，对剖去核（以上原料食用前用绵白糖腌渍片刻），入冰箱冷藏。

2. 烹调过程

锅上火，放入清水和冰糖烧沸，加入椰汁、鲜奶和涨发好的西米再烧沸，分别装入小汤碗内，冷却后入冰箱冷藏。食用时分别加入水果丁即可。

3. 盛装方法

食用时盛装在小玻璃碗中，每人一份。

七、菜肴特点：

色泽乳白，香味浓郁，水果清爽，西米爽滑如珠。

八、操作关键：

1. 西米涨发时火力不可太大，否则会糊化，发好后要用冷水过凉。
2. 水果要清洗干净，保证卫生，不需加热，否则会变酸。

九、相关菜肴分析：

用此菜的方法可制作鲜奶露、椰子露等。

十、思考题：

1. 西米涨发时应注意什么？
2. 此菜经冰箱冷藏后有什么风味特点？

第三十五章 实习课题——挂霜

怪 味 龙 鳞

一、挂霜是指将经油炸或经盐炒的小型原料,再放入汤汁中翻炒,使其表面粘上一层糖霜的烹调方法。

二、烹调方法:挂霜。

三、味型特点:怪味。

四、原料:

主料:鲗鱼鳞 100g。

调料:黄酒 10g,精盐 1g,味精 1g,花椒粉 1g,绵白糖 40g,甜面酱 15g,辣椒粉 15g,姜片 4g,葱段 8g。

辅佐料:色拉油 500(耗约 100g),干淀粉 30g,面粉 50g。

五、工艺流程:

原料洗净→腌渍→制糊→油炸→炒卤汁→粘挂→冷却→装盘。

六、制作过程:

1. 加工过程

(1)将鲗鱼鳞洗净放碗内,加精盐、姜片、葱段、黄酒拌匀,腌渍 10 分钟。

(2)将面粉、淀粉放碗内,加清水调成糊,鱼鳞投入糊内和匀。

2. 烹调过程

(1)炒锅置旺火上,放入色拉油烧至 150℃,鱼鳞糊制成桂圆大小的圆球投入油锅内,中火炸至呈浅金黄色时捞出沥净油。

(2)锅中放清水、白糖,小火加热至糖液浓稠,放甜面酱炒香,倒入炸好的鱼鳞球,再将辣椒粉、花椒粉、味精、精盐和匀撒入锅内,拌和均匀,使糖液、调料均匀地粘在鱼鳞球上,冷却后呈现糖霜,装盘即成。

3. 盛装方法

可使用黑色明亮盘盛装,周围用橘瓣和红樱桃装饰点缀。

七、菜肴特点:

色泽酱红,咸、甜、麻、辣俱全,酥香可口。

八、操作关键:

1. 选用新鲜的鱼鳞。

2. 糊要软硬适度,以能用手挤成圆球为宜。

九、相关菜肴分析:

此菜也可选用鲜活的青鱼、草鱼的鳞制作。

十、思考题:
1. 炸鱼鳞时,油温应控制在多少摄氏度?
2. 挂霜和拔丝的熬糖程度有什么不同?

可可桃仁

一、挂霜菜具有色泽洁白、甜香酥脆的特点,挂霜使用的原料一般为动物性原料和干果类原料。

二、烹调方法:挂霜。

三、味型特点:甜香。

四、原料:

主料:核桃仁 250g。

调料:绵白糖 150g,可可粉 3g,白醋 2g。

辅佐料:清水 50g,色拉油 300g(约耗 25g)。

五、工艺流程:

原料烫泡去皮→炸制→炒汁→挂霜→装盘。

六、制作过程:

1. 加工过程

核桃仁用开水浸泡,剥去外皮。

2. 烹调过程

(1)炒锅置旺火上加入色拉油烧至150℃,放入核桃仁炸至浅金黄色时捞出沥油。

(2)炒锅置中火上加入白糖、水熬至起小泡时,再加入可可粉、白醋翻炒数下,使糖汁、可可粉溶为一体,将锅离火,下核桃仁用平铲轻轻翻动,使可可糖汁均匀地粘结在核桃仁上,冷却后装盘即成。

3. 盛装方法

可使用白色玻璃盘盛装,周围用橘瓣和红樱桃装饰点缀即可。

七、菜肴特点:

色泽褐黄,酥脆香甜,可可味浓。

八、操作关键:

1. 核桃仁可用烘炉烘,也可用精盐炒至酥脆。
2. 掌握好炒制糖汁的火候。

九、相关菜肴分析:

也可用花生、杏仁、腰果等干果烹制此菜。

十、思考题:

1. 炸桃仁时应掌握什么火候?
2. 怎样可使糖液均匀地裹在桃仁上?

读者反馈意见

亲爱的读者：

感谢您对《烹饪实习与操作》的学习和热爱！为了今后能给您提供更优质的服务，请您抽出宝贵时间填写下面意见反馈表，以便我们更好地对本教材做进一步的改进。同时如果您在使用本教材的过程中遇到了什么问题，或者有什么好的建议，也请您来信、来电告诉我们。

地址：北京市丰台区科学城南极星大厦108室
电话：010-83794590　83794403
电子邮箱：caikai6223@263.net　　QQ：649319527　　QQ：1694299827
网址：WWW.KFHWH.CN

教材名称：《烹饪实习与操作》
个人资料：
姓名：_____　年龄：_____　所在院校/专业_____
文化程度：_____　通讯地址：_____
联系电话：_____　电子信箱：_____
您使用本书是作为：□指定教材、□选用教材、□辅导教材
您对封面设计的满意度：
□很满意、□满意、□一般、□不满意　改进建议_____
您对本书印刷质量的满意度：
□很满意、□满意、□一般、□不满意　改进建议_____
您对本书的总体满意度：
从语言质量角度看：□很满意、□满意、□一般、□不满意
从科技含量角度看：□很满意、□满意、□一般、□不满意
本书最令您满意的是：
□指导明确、□内容充实、□讲解详尽、□实例丰富
您认为本书在哪些地方应进行修改？（可附页）
_____
_____
您希望本书在哪些方面需进行改进？（可附页）
_____
_____